現代の労働と福祉文化

青木 圭介 著

桜井書店

はしがき

　欧米における1960年代末の青年労働者の反乱やフォード主義的労使関係の行き詰まりと，自動車・電機などに代表される製造業における日本企業の1980年代の良好なパフォーマンスを反映して，日本的経営とその労働に注目が集まった。この青年労働者の反乱は，フォード・システムのもとでの「半熟練」労働が情報技術という新たな技術変化による労働のグレード低下（熟練の解体や陳腐化）に対する反抗であったから，日本的経営について，フォード・システムの問題点を克服したポスト・フォーディズムの一つの範例であるという見方が広がった。フランスの優れた経済学者 B. コリアは，日本の雇用関係における契約の「前近代的」性格を鋭く指摘し，また終身雇用保証が労働者の家父長制的な包摂と排除を含む「暗然の合意」であるとしつつ，職場における分権化や「ブルーカラーの知性化」を高く評価し，労働者の「インセンティブによる参加」の意義を強調している。また，このように，職場における自律性と知性化というきわめて「近代的」な性格と，契約関係のきわめて「前近代的」な性格という二面性をもつ日本的経営の労働組織からヨーロッパが学ぶべきは，「明示的な交渉と契約」というヨーロッパの伝統にそって，労働組織と労使間妥協のあり方を労働者の多機能化と知性化に向けて改革することであり，この改革はヨーロッパではデモクラシーのいっそうの拡大というかたちをとるであろうと主張している（コリア『逆転の思考』）。コリアも含めて，欧米の研究者のトヨタ生産システムに対する高い評価の背景には，労働者の多能工化や多機能化が，労働者の欲求（自己実現）にあうものであり，同時にそれが労使間の（明示的でない場合も含めて）契約や妥協のうえに成立していることが前提されていると思う。しかし日本の労使関係の実態は，個々の労働者と雇用者との関係を律する規範的ルールを欠き，「権利を前提としない平等」（中西洋）のもとでの個人間，集団間の際限のない競争が組織されているということではなかろうか。

この視点はさらに言えば，日本の経営における新技術や新システムの導入が，労働の人間化を促進する方向には進まずに労働の疎外への方向を強め，疎外感の拡大による職場秩序の弛緩を中央集権的権力秩序によってカバーしてきた状況とも関係している。人間労働の個性化，労働における健康・安全・環境への配慮，生きがいや自己実現への欲求を日本的経営はどのように位置づけてきたのかが問われるであろう。伝統的な工芸産業における日本の労働は，多くの場合，職人性と芸術性をもち，生産物の実用性とともに芸術性をつくりだしてきた。この伝統的労働は，ヨーロッパにおいても，A. マーシャルの指摘したように中小企業が集積する産業地域の熟練労働市場の特徴であり，企業への帰属性よりは地域コミュニティにおける交流と知識や熟練の共有，職場と地域における自治を特徴とする。このような伝統的労働は，一方において労働の人間化への芽をもちつつ，他方においては，パターナリズムに象徴されるギルド的封建的性格からの影響を脱しきれず，前近代的支配の名残をとどめていることも多い。

　欧米における大量生産方式の発展は，近代的な技術システムの導入にあたって障害となるギルド的封建制の名残を切り捨てる一方で，職人の熟練・技能・判断力に依存した労働を分業と機械化の原理にもとづいて細分化し，細分化された労働をあたかも機械の部品のごとく官僚制のもとに統括した。創意工夫・芸術性・科学研究との関係などは，生産そのものから切り離されて，工房や大学の研究室に移り，企業内では，テーラー・システムからフォード・システムにいたる部分労働の最速化とその統合における官僚的秩序をつくりだした。前近代的なものの克服という成果は，労働の疎外と官僚制の確立という犠牲の上に前進したのである。

　後進資本主義国日本にあっては，フォード・システムの導入過程では，伝統的労働を企業規模別賃金格差構造のもとで活用し，中小零細企業における伝統的労働を下請制に編入することによって，国際競争力を確保した。しかしこのために，日本的経営は伝統的労働の職人性とパターナリズムを温存し，それを活用せざるをえないという現実を抱え込んでいたのであった。ここにキャッチアップ型には最適であった日本的経営のモデルが，多国籍企業が覇

権を競うグローバリゼーションのもとでは，下請制や独自の労使関係の再編成と危機を引き起こすという根本的な問題が伏在していたと考えられる。

　日本的経営に対する肯定的評価の多くは，そのフレキシビリティに注目し，それをポスト・フォーディズム日本の核心とみなして「欧米が範とすべき先進的なもの」と捉えているが，このフレキシビリティはもともと日本的職人労働とパターナリズムを温存した結果である。R. ドーアに『フレキシブル・リジディティーズ』という奇妙なタイトルの著書があるが，近代的大企業体制の官僚的硬　直　性を補っている柔　軟　性は，こと日本に関するかぎり前近代的格差構造をともなう職人性とパターナリズムであった。

　この研究の過程においてショックを感じ，いまでも忘れられないのは，アメリカ市場に進出したある日本のメーカーのマネージメントに関するつぎのような報告であった。この進出企業では，1987年春の自動車試作段階で，着用しなければならないブルーのズボンとカーキ色のユニフォームとともに，「被るかどうかは労働者が自発的に決めるアクセサリー」として野球帽がアメリカ人従業員に支給された。

　　"自発的"というのは字句通り取ると，野球帽を被るかどうかの選択はそれぞれが行なうことを意味しており，多くのアメリカ人は被らずに出社するほうを選んだ。だが，日本人は帽子を被らないことは会社への敬意が欠けていることの表われであると考えており，こうした労働者の反応に当惑した。日本人が帽子の着用を強制すると，アメリカ人はそれは自発的に決めることだと反論した。日本人は，確かに自発的であることは認めたが，しかし本当に会社のことを考えているのなら帽子を被りたくなるはずだと考えていた。アメリカ人は，会社に「着用しなければならない」と初めから言われたら受け入れていただろうが，しかし「着用したいはずだ」と言われたことには反発した。マツダは，アメリカ人が自発的だと考えていることがらを強制することによって，越えてはならない一線を踏み越えてしまったのだ。"強制的自発性"という言葉が，帽子の着用についての会社の指示を表現するために使われるようになっ

た（フッチニ『ワーキング・フォー・ザ・ジャパニーズ』）。

　些細なエピソードと一笑に付すこともできるかもしれない。しかし「……したいと思え」というこのような関係は，日本社会の日常に残存していることも認めざるをえないであろう。それは，日本の社会に生き続けているパターナリスティックな関係を反映しているが，同時に，人事考課や長期的下請関係の継続への懸念による「強制」という関係を反映してもいる。

　このように本書では，キャッチアップ型としては強力であった日本的経営モデルが，グローバリゼーション型としては，これまで強力な競争手段であった下請制や独自の労使関係の再編成と危機を引き起こすという視点から分析した。そして，日本的経営と日本の企業社会の変革の課題として，これまでとは逆にパターナリスティックな関係の解体と情報の技術とネットワークを背景とする一種の職人性と芸術性の再生を考え，その過程に人々の個性的な自己実現欲求の高まり，消費者としての芸術文化の享受能力の発達，消費の変革による経済構造の変革ということを位置づけて論じた。

　2002年5月

青 木 圭 介

目　次

はしがき　3

第1章　日本的経営と労働 …………………………………… 13
　　　　——日本はポスト・フォーディズムか——

　　はじめに ……………………………………………………… 13
　　Ⅰ　ドーアの「近代化モデル収斂説の逆転」 ……………… 14
　　Ⅱ　日本はポスト・フォーディズムか
　　　　ウルトラ・フォーディズムか ……………………………… 19
　　Ⅲ　ヒューマンウェア技術の海外移植 ……………………… 24
　　Ⅳ　熟練の解体と「自律的革新機能」 ……………………… 29
　　Ⅴ　かんばん方式はスピードと労働強化を嫌うか？ ……… 35
　　Ⅵ　「所定外労働時間の恒常的部分」とは何か …………… 38
　　Ⅶ　日本の前近代性は他人の労働への支配が
　　　　無制限なことにある ……………………………………… 41

第2章　日本的生産システムと労働組織 …………………… 49
　　はじめに ……………………………………………………… 49
　　Ⅰ　同期生産と多品種生産 …………………………………… 50
　　Ⅱ　トヨタ生産システムと「ムダの排除」 ………………… 53
　　Ⅲ　ストレスによる管理 ……………………………………… 56
　　Ⅳ　経営戦略としての技術と組織 …………………………… 59
　　Ⅴ　スウェーデンのチーム労働 ……………………………… 63

第3章　二極化した労働時間構造のもとでの労働と生活 …… 67
　　はじめに ……………………………………………………… 67

Ⅰ　労働時間構造の二極化と生活時間の一面化・分断化 ……… 69
　　Ⅱ　「並行競争」と「転職コスト」 ……………………………… 74
　　Ⅲ　『働きすぎのアメリカ人』 …………………………………… 78
　　Ⅳ　排除と包摂 ……………………………………………………… 81
　　むすび ………………………………………………………………… 84

第4章　フレキシビリティとジャパナイゼーション ……………… 89
　　はじめに ……………………………………………………………… 89
　　Ⅰ　フレキシブル企業 ……………………………………………… 90
　　Ⅱ　フレキシブル・スペシャリゼーション ……………………… 94
　　Ⅲ　FS化と教育訓練 ……………………………………………… 100
　　Ⅳ　ジャパナイゼーション ………………………………………… 105
　　むすび ……………………………………………………………… 109

第5章　ポスト・フォーディズム論と地域 ………………………… 113
　　はじめに …………………………………………………………… 113
　　Ⅰ　ポスト・フォーディズム論の諸類型 ………………………… 113
　　Ⅱ　イギリス・アメリカ型の地域再編 …………………………… 117
　　Ⅲ　モンドラゴンと「第三のイタリア」 ………………………… 121
　　Ⅳ　下丸子と金沢モデル …………………………………………… 127
　　むすび ……………………………………………………………… 129

第6章　「もろい社会」の再設計と地域における福祉 …………… 133
　　はじめに …………………………………………………………… 133
　　Ⅰ　国際障害者年と福祉の機能的アプローチ …………………… 135
　　Ⅱ　人間の発達における労働と言語 ……………………………… 139
　　Ⅲ　「自立と発達を支える労働の権利」と社会的評価 ………… 146

第7章	日本における福祉文化の再編の動向 ……………………	151
Ⅰ	福祉におけるジャパナイゼーションと ポスト・フォーディズム ……………………………………	151
Ⅱ	「新しい地域文化」をつくる福祉 …………………………	154
Ⅲ	日本の福祉と福祉文化 ………………………………………	155
Ⅳ	介護保険のジレンマ …………………………………………	158
Ⅴ	福祉の担い手と地域文化の基盤 ……………………………	160
Ⅵ	「ボーモルの病」と福祉の供給 ……………………………	163
第8章	経済と人間の有機的成長論と消費者主権 ………………	169
	──マーシャル・シトフスキー・ショア──	
はじめに	…………………………………………………………………	169
Ⅰ	シトフスキーの福祉の経済学 ………………………………	172
Ⅱ	マーシャルの有機的成長論と経済騎士道 …………………	176
Ⅲ	マーシャルの有機的成長論と現代 …………………………	180
おわりに	…………………………………………………………………	184

事項索引　187

あとがき　191

現代の労働と福祉文化

第1章　日本的経営と労働
―――日本はポスト・フォーディズムか―――

はじめに

　1980年代には，多くの先進工業国と輸出志向型の途上国開発政策の行き詰まりのなかで，従来の経済成長を主導してきた大量生産体制の時代の終焉を論じる見解が多様な形で現れてきた。とくに，1970年代の危機を歴史的転換期と捉え，フォーディズムのパラダイムからポスト・フォーディズムのパラダイムへのパラダイム転換として理論化しようとする諸見解は，マイクロエレクトロニクス（ME）技術にもとづくフレキシブルな新技術とそれを活用しうる労働過程の編成や労使関係などの社会的制度的諸条件とを組み合わせて理論化しようとしている。それゆえ，多かれ少なかれポスト・フォーディズムへの転換に有利な諸条件のある国や地域とそれを抑制する諸条件をかかえている国や地域を取り上げて対比し，そこから一定のモデルや仮説を提出する様々な試みが展開されている。そして，そのようなモデルの一つの典型として，日本経済や日本的経営システムが頻繁に取り上げられるようになった。それは日本的経営が高度な熟練と自律性をもった職人的労働の活用によって，多品種少量生産に敏速に対応できる生産システムとみなされたからである。

　他方で1980年代は，より実際的な意味で，つまり欧米の先進工業諸国で日本的経営の諸手法を導入し，経営の効率化と生産性の向上をはかるという意味で，ジャパナイゼーションという言葉が頻繁に使われるようになり，ジャパナイゼーションをめぐる社会科学的な討論も活発におこなわれている。こうして，日本的経営について関心が高まるにつれて，それをどのような性格のモデルとして把握すべきかについても，多様な見解が提出されるようにな

った。たしかに，技術的な面からみれば，日本的経営の職人性は情報技術に適合的で，日本経済のすぐれたパフォーマンスは，主に，フレキシブルで効率のよい新たな技術や経営システムによってもたらされたものであるとみなしうる。しかし，もしもパターナリズムに象徴される強権型の労働疎外システムがその「柔軟な」構造の上にあったとすれば，逆に，「過労死」が大量に発生するという意味で社会問題となるような資本の強搾取が前面に現れ，とうていグローバリゼーションに耐えうるものではないという，まったく対立する見解も現れてきた。

本章では，生産技術と労働過程に焦点を絞りつつ，最初に，グローバルな競争への変化が生活の質や社会関係の質および所得分配や人生における機会の配分にどのような影響を及ぼすかという観点から，アングロサクソン型に対する日本型[1]という比較研究をおこなっている R. ドーアの見解と，ヒューマンウェア技術という概念を提起している島田晴雄の見解を取り上げ，次いで，日本の企業社会が，1980年代以降，世界の支配的な生産様式となったフォーディズムをのりこえる新しい生産システムをつくりだしつつあるかどうかをめぐる「国際論争」を検討する。なお，その際，中心的な論点は，通常トレード・オフの関係にあるとされる「責任ある自治」と「直接的な管理」とが，いわゆる職人的労働を管理するシステムとしての日本的経営ではどのような状況にあるかという点に設定される。本章をとおして，日本的経営における「制約されないフレキシビリティの追求」が，いわゆる職人的労働を管理するシステムとしての日本型企業社会の内部労働市場と外部労働市場という特異なデュアリズムを生みだしたことを示したい。

I　ドーアの「近代化モデル収斂説の逆転」

1980年代は，日本の経済社会（日本資本主義）や日本企業に対する評価が，

---

[1]　ドーアの新しい本は『日本型資本主義と市場主義の衝突――日・独対アングロサクソン』という表題である。藤井真人訳，東洋経済新報社，2001年。

大きく転換した時代であったということができる。たとえば，E. ヴォーゲルの『ジャパン・アズ・ナンバーワン』がアメリカで出版されたのは，1979年であった。この本でヴォーゲルは，先進諸国のなかで社会が脱工業化するにあたって直面する諸問題を，最も巧みに処理しているのは日本であるが，それは従来の日本社会論が強調してきたような伝統的国民性，文化，美徳などによるものではなく，日本の組織力，長期的展望を持つ計画や政策，集団的な知識収集力などによって，意図的にもたらされたものであると主張したのであった。しかも，1980年代は，いわゆる第二次オイル・ショック，プラザ合意，円高不況など，加工貿易型・輸出主導型の経済構造を特徴とする日本に深刻な打撃をもたらす大きな変化が生じたにもかかわらず，他の先進諸国よりも高い成長率を記録し，他方では，生産拠点の海外立地を次々と成功させたために，日本の経済構造や経営システムに大きな関心が寄せられることとなった。日本の産業社会に関するすぐれた研究を蓄積してきたドーアが幅広い注目を集めようになったのは，このような背景があったと考えられる。

　特に重要なことは，日本を比較社会学的に分析したドーアが，日本の労使関係や企業間関係を，欧米のそれとは異なった（つまり，欧米の進んだ諸関係と較べて「遅れたもの」ではなく）一つの独自の類型として位置づけ，ある意味では，その先進性を評価したことである。従来の近代化の理論では，日本の産業社会にみられる欧米先進国と異なる諸特徴は日本の近代化が進むにつれて消滅し，日本もまた先進国のタイプに「収斂」すると考えられていた。しかし，すでにふれておいたように，日本的なシステムに学び，それを導入するという意味で，ジャパナイゼーションということが言われるようになり，日本国内でも，たとえば1990年度の『経済白書』は，「日本的経営」の普遍性や優越性を主張する意図に貫かれていた。その背景には，日本的なものがむしろ先進的な要素をもっており，経済的危機に悩まされている先進諸国が危機を克服する過程で，逆に日本的なものに「収斂」する「先進的な」ものではないか，という見方が広まっているという事情がある。そして，日本の労使関係や企業間関係というタイプの独自性や先進性を，先駆的に論じてみせたドーアの『イギリスの工場・日本の工場』が，1980年代後半になっ

て邦訳され(1987年,原著の出版は1973年),その発言が広く注目されるようになったのも,ある意味では当然の成り行きであった。

このようなドーアの見解と,1980年代の日本的経営への関心の高まりとを織り混ぜたものとして,『経済評論』1990年5月号に「ドーア教授と語る」というテーマで掲載されたシンポジウムの記録[2]を中心に,いくつかの論点を整理してみよう。

第1に,アメリカ企業が資本コストの高さや株主への配当に縛られて短期利益志向であるのに対して,日本は長期的な観点から投資ができることである[3]。こういう意味で,株主が会社の主人公であり,その利益を第一とする欧米のカンパニー・ロー・モデルと日本にみられるコミュニティ・モデルとを対比し,後者の優位性を認めている。

第2に,このような株式の持ち合いも含めて,日本の企業間関係が,リレーショナル・コントラクト(信頼のおける長いお付き合い)という特徴を持っており,それは組織論上,マーケットでもない,組織(ビュロクラシー)でもない,「第三の分野」と考えられるという。ドーアは,このような企業間関係を労働者に対する長期的な雇用保証とともに「フレキシブル・リジディティーズ」と呼び,これを部品のカスタム化が進む豊かな社会では,普遍的なものと考えている。

第3に,ドーアによれば,日本の競争力の強さの重要な要因は,一般的な労働時間の長さよりも(つまり,時間当たり賃金は為替レートの変動で調整されるであろうから),新製品の開発段階における日本人の勤勉さ(働きすぎ)にある。ハイテクの時代には,製品差別化が進み,市場や貿易において新製品がますます比重を増してくるので,日本企業の競争力は非常に強く

---

2) これは京都大学経済学部創立70周年記念シンポジウムの記録である。パネリストはドーア,浅沼萬理,菊池光造,司会は伊東光晴。同誌には,ドーアと奥村宏の対談も収録されている。

3) このような例として有名なのは,ビデオ・カセット・レコーダーなどの商品化の例である。この例は MIT 産業生産性調査委員会の報告でも強調されている。M. ダートウゾスほか(依田直也訳)『Made in America——アメリカ再生のための米日欧産業比較』草思社,1990年。

なる。

　第4に，菊池光造が提起した，分社化・多角化・異業種参入・海外展開などに必要な人材を確保する必要から，従来のようなOJT（オン・ザ・ジョブ・トレーニング）による企業内での長期的人材形成からヘッドハンティングなどの人材流動化へ移行し，年功制や終身雇用はもう古くなった（「経済同友会1988年頭提言」）と主張され，日本的経営の持つ長期的視野やコミュニティ性が失われていくという問題や，浅沼萬理が提起した，日本企業の開発拠点の海外進出にともなって，開発段階での仕事のノルムも欧米の影響を受けて変化してくるという問題に対して，ドーアは当面の問題としては否定的な見解を述べた。

　第5に，菊池は，日本的経営（トヨタシステム）を支える「二重の要素（条件）」は，労働者のフレキシブルな適応能力（知識，技能，勤労意欲）と能力主義の人事管理システム（日本的な人事考課にもとづく人材形成，能力開発とスクリーニング）がモーレツに働くように引きつける求心力であり，このような「日本の企業のオーガニゼーション・オリエンテッド，組織志向を非常に強くもった企業のありかたが，ある意味ではその圧倒的な凝集力とその包括性で，日本の働く人びとをかなり強いコントロールの下においている。それだけに，一方で家族生活や地域のコミュニティの生活に一種のヒズミをあたえているという面があるのではないでしょうか」と指摘し，浅沼は，「（ドーアは）イギリスのように昔からリベラリズムの伝統のある社会において，相互信頼に基礎をおく長期的な関係を伸ばすことができるならば，それは日本のイミテーションにとどまらない，もっといいものをわれわれはつくり出せる」と考えているのではないかと質問した。

　このシンポジウムでドーアは，菊池や浅沼によって提出された興味深い問題には言及していないが，『イギリスの工場・日本の工場』の「訳者あとがき」のなかで山之内靖は，この問題に関するドーアの「回答」をつぎのようにまとめている。

　「日本のケースに代表される福祉企業集団主義は，確かにあらゆる先進社会の企業パターンがそれへと収斂すべきモデルなのであるが，しかし，そ

の中にもいくつかの副次的な型が区分されるであろう。ドーア氏は日本のケースを福祉企業集団主義の『ハイラーキー的』タイプと呼び，それにつきまとっている封建的要因にも留意するよう，要請している。氏は『市場志向的雇用制度』の中から産業別の全国交渉というパターンを生みだしたイギリスの場合，巨大企業の労働条件と中小企業のそれとの間に大きな格差を伴わずにいない日本の場合とは異なって，労使関係の民主化という点では一層大きな可能性がはらまれている，とみているように思われる。」

　ドーア自身も「日本語版への序」のなかで，「なぜ雇用システムが日英間でこれほど違ってきたか」という学問的好奇心から出発した彼自身の研究を1980年代に盛んになった「日本的経営をほめたたえる」風潮と区別することを要請しつつ，「良し悪しの判断はいまでも（1973年と）そう変わらないと思う。経済効率性は勿論大切である。生産性を上げるに越したことはない。しかし，私だったら日本の企業の従業員にはなりたいとは思わない。第一，年に2200時間の労働を会社に捧げるのは御免こうむる。自分の私生活，家族生活，レジャー生活に対して労働生活を日本と同じ程度優先させなければならないとすればこれはいやだ」と辛辣な批判を表明している。さきのシンポジウムでも，経済摩擦に関連して，アメリカの自由貿易論者は日本の取引慣習が欧米と違うからこれを変えろといっているが，支持できない。同様に，日本の競争力の強さに対抗するためにヨーロッパ人が日本人のように働かなければならなくなるのにも賛成できない。各国で労働に対する慣習，あるいは私生活と労働生活のバランスに関する考え方が違うし，そういうものを守るためには保護措置が必要であるという見解を述べている。

　ドーアの日本的経営の研究にあって基本的なことは，次の4点に整理することができよう。第1に，日本的経営のもつ先進性を評価し，他の先進社会の企業がそれに収斂すべきモデルであることを認める。しかし，第2に，そのモデルには，個々の社会の伝統，文化，民主主義あるいは価値意識のありようによっていくつかのパターンがありうる。第3に，この先進的，普遍的モデルの日本的なパターンをイギリス人としては受け入れることはできない。そして最後に，イギリスや他の先進諸国では，社会の育んできた民主主義や

価値意識によって，日本のパターンとは違ったより文化的なパターンを実現することが可能である。つまり，シンポジウムで提起された問題に対して，フレキシブル・リジディティーズの先進性や経済的効率の高さは，人々が過剰に企業社会に取り込まれる日本的なパターンと一体不可分なものではない，とドーアは考えているということができよう。

II 日本はポスト・フォーディズムかウルトラ・フォーディズムか

前節で取り上げたシンポジウムでは，日本的経営の海外での適用可能性についてもふれられていた。さきにまとめたようなドーアの見解からすれば，日本的経営のフレキシブル・リジディティーズは，先進的，普遍的なものであり，もちろん海外へ移転可能である。そして，それが日本でもたらしているような長時間労働や労働者生活の企業への過度の依存をともなうかどうかは，各国の育んできた民主主義や価値のありようによる，ということになるであろう。ところが，いわば日本的経営のフレキシブル・リジディティーズと日本型企業社会とを一体として捉えようとする場合には，日本の社会全体を先進的なものとみるか，逆にそれを全体として前近代的なものとみるか，という対立する二つの見解のいずれかをとることになる。本節では，そのような対立を典型的に示す論争を取り上げてみよう。

論争の発端となったケニー＝フロリダの論文[4]は，直接には1985年に発表されたドースらのトヨティズム＝強搾取説[5]への批判を主な目的の一つとしていた。ドースらは，日本の自動車産業の競争力の強さに触発されて，欧米の自動車産業で日本の生産組織や経営手法を導入する試みが広範にみられる状況に対して，トヨティズムは欧米の労働組合が受け入れることのでき

---

[4] M.ケニー，R.フロリダ「大量生産を超えて──日本における生産と労働過程」『季刊・窓』第3号，1990年。

[5] K. Dohse, U. Jurgens and T. Malsch, "From 'Fordism' to 'Toyotism' ?: The Social Organization of the Labor Process in the Japanese Automobile Industry," *Politics and Society*, Vol. 14, No. 2, 1985.

ない労働関係システム (system of labor relations) に根ざしており，日本的経営をフォーディズムの組織原理に対するオルタナティヴな組織パラダイムとみなすことはできない。むしろ「トヨティズムは，経営権がほとんど制約されないという状況のもとでのフォーディズムの組織諸原則の単なる実践にすぎない」と主張したのであった。ドースらによれば，労働者の低賃金・長時間労働や企業への献身だけでなく，フレキシブルな労働配置や多能工化なども「労働奴隷制を受容する労働者の受動性」なしにはありえないものであり，またこのような状態が克服されない理由の一つは，労働者代表を選ぶ投票が秘密ではなくあからさまな職制の監視のもとでおこなわれているからである。

これに対して，ケニー＝フロリダは，日本資本主義の成功を経営側の専断的権力および日本の労働者の相対的非組織化に帰す「強搾取説」では解明できず，むしろ日本がポスト・フォーディズムの新しい作業組織，産業構造，労使関係をつくりだしつつあるということに注目すべきであると批判した。

第1に，ポスト・フォーディズムの生産は，断片的作業，機能的専門化，機械化，アセンブリー・ラインというフォーディズムの生産の諸原則を，チーム制作業単位，ジョブ・ローテーション，ラーニング・バイ・ドゥーイング，フレキシブルな生産，統合された生産コンプレックス（下請を集中立地させて多層的供給コンプレックスを組織するJIT）にもとづく生産の社会組織におきかえる。このような生産の社会組織を「ポスト・フォード主義日本」と呼び，フォーディズムに対する明確なオルタナティヴであり，フォーディズムの大量生産に特有の硬直性の多くを克服するものである。

第2に，この新たな生産の社会組織は，戦後日本の大衆的闘争がもたらした歴史的諸力のユニークな配置によって形成された，階級間のバランス，あるいは企業組合主義，終身雇用制，階級和解の明確なスタイルを特徴とする「階級協調」を前提として発展した。

第3に，日本の大企業は，生産とイノベーションを密接に結びつけ，技術的イノベーションを考えだす半自立的子会社を設立し，イノベーションを基本的製造に急速に普及させることを可能にする「組織的イノベーションのユニークな能力」を備えている。このような産業組織は，「高度な技能を持っ

表1-1 加藤=スティーヴンによるケニー=フロリダへの批判

	ケニー=フロリダ	加藤=スティーヴン
規　定	ポスト・フォーディズム	新帝国主義的労働再編
生　産	多品種少量生産	基本はいぜん大量生産
労働者	終身雇用と多能工化	生涯を通じてのたらいまわし
経営・QC	自主管理・労働疎外の減少	権威主義・実質的包摂の強化
属人的賃金	仕事へのインセンティブ	格差分断と競争の組織化
JIT	労働者の相互調整・情報共有・ハイブリットな産業組織	下請、未組織労働者の拡大，一つの強搾取システム
フレキシビリティ	労働者は新技術導入に積極的	抵抗力喪失の結果として可能
危機の終焉	生産とイノベーションの統合	階層分化と産業空洞化
海外移転	フォーディズムからの前進	組合弱体化と労働者の分断支配

た労働力を再生産する構造を持ちしっかりとネットワーク化されたグループから成っていて，情報を絶えず集積し，各企業が相互に適応できる安定した構造を確立する」フォーディズムの生産組織の潜在的オルタナティヴである，と主張したのである。

ケニー=フロリダの論文は，これら三つの側面の関連を，第1の生産の社会組織のポスト・フォード主義的再編は，第3のイノバティブな産業組織によって支えられていると言い，また，このような社会組織が，第2の戦後の労働者の闘争を反映した資本家的支配の側からの「一種の妥協または調整」であったとして図式化している。そのため，日本的労使関係の形成にあたっての労働者の役割を強調したり，いわゆる二重構造について，大企業と中小企業との間で賃金格差が縮小しつつあるとか，リスクの分担が正常なものになってきていると述べるなど，この三つの側面をすべて楽観的で進歩的な彼らのポスト・フォーディズム像[6]に引き寄せて「美化」していたと言わざるをえない。その意味で，日本資本主義全体を「進歩的なもの」とみなす彼らの論文に対して，加藤=スティーブンが批判を加えたのは当然である[7]。ここで，加藤=スティーブンの批判をケニー=フロリダの主張と対照する簡単な表にしておく（表1-1）。

しかし，論争は，加藤=スティーブンが，日本の労働者の長時間労働や「過労死」や住宅・通勤事情などの劣悪さを挙げて「ポスト・フォード主義日本」論を批判し，ケニー=フロリダが，アメリカのシステムのもとでのア

センブリー・ライン労働の「天文学的レベルの労働災害・健康破壊」やしばしば発生するレイオフと地下経済，また犯罪者への転落などを例示して反論するという経過をたどり，アメリカや西欧の資本主義と日本の資本主義とではどちらがすぐれているかという問題に傾きかけた。そのために，日本における生産過程の組織化の質的に新たな方法（「知識内包的生産」）が「フォード主義モデルの枠内に収まるかどうか」というケニー=フロリダの問題提起は，かならずしも生かされなかった。

6） この論争では，ポスト・フォーディズムという用語は，フォーディズムを超える新しい進歩的なパラダイムという意味で用いられており，そのことがこの「国際論争」の底流をなしている。しかし，ポスト・フォーディズムという概念には実に多様なバリエーションがある。ジェソップは，レギュラシオン学派には七つの潮流が存在し，そのほかにもジェソップ自身やケニー=フロリダ，またピオリとセーブルなど五つの小グループがあると整理している（B. Jessop, "Regulation Theories in Petrospect and Prospect," *Economy and Society*, 19(2), 1990)。そして，それぞれが分析の中心に据える領域も異なれば，またポスト・フォーディズム概念にも相当の隔たりがあるというのが現状であろう。論争へのコメントのなかで，この点を明確に指摘したのは宮本太郎（「ポスト・フォーディズムを問題にする意味」『季刊・窓』第5号，1990年）である。宮本は，レギュラシオン学派に限っても，フォーディズム概念は基本的に共有されているが，ポスト・フォーディズム概念については多様であり，おおまかに区分して，三つの潮流に分かれるという。M. アグリエッタなどの経済学者を中心としてポスト・フォーディズムを勤労者にとってのフォーディズムのオルタナティヴとなりうるシステムとみるパリ派，R. マレーなど社会学者によるイギリスの『マルキシズム・トゥデイ』寄稿者を中心としてオルタナティヴの可能性と支配の再編という二つのベクトルの交点とみるニュータイムズ派，J. ヒルシュなど政治学者を中心として資本制の枠内での支配の再編，社会総体の中心―周辺化とみる西独派である。

この宮本の整理に従えば，さきの「国際論争」の両当事者のポスト・フォーディズム概念は，ともにパリ派のそれであって，そのためにケニー=フロリダが日本をポスト・フォーディズムと規定すれば，それは「労働者の利益実現に大きな可能性をきりひらくシステム」であり，「勤労者民主制への道」という意味を帯びる。こうなれば，日本社会の現実を研究した者であれば，とうてい受け入れることはできまい。加藤=スティーブンが日本社会の様々な現象やデータを挙げて反論したのは，ポスト・フォーディズムのこのような概念にもとづいてであった。

7） 加藤哲郎，R.スティーヴン「日本資本主義はポスト・フォード主義か？」『季刊・窓』第4号，1990年。

この論争で注目すべき論点は，つぎの3点である。第1に，ケニー＝フロリダが日本的経営における「生産過程の組織」に注目して，フォード主義的労働編成の害悪を克服する可能性のある「進歩的なもの」だと評価している意味は何かという点である。

第2は，それに対して，加藤＝スティーブンは日本における労働に対する資本の専制支配を強調して，その「後進性」を主張しているが，日本の「後進性」を把握する基本点は何かである。

第3に，論争の両者とも，日本はポスト・フォーディズムかという問題を論じているが，もしポスト・フォーディズムという概念が質的に新しい生産組織と労働過程の編成を基礎に「労働の人間化」や「勤労者民主制」を展望しうる調整様式という意味をもつとすれば，そのための条件は何かという問題である。

この論争には，日本的経営が世界に何をもたらすかという問題，つまり，ポスト・フォーディズムの普及か新帝国主義的労働再編かという問題[8]や，

---

8) この点でおそらく最も重要な課題は，「先進的な」要素をもつ日本的経営システムに対して，労働者の権利や生活を防衛する社会的制度的なシステムや労働組合の活動の基準を，多少とも系統的に検討することであろう。ここで取り上げてみたい調査報告は，日本の労働者と労働組合の資本からの自立を一貫して追求し論じてきた熊沢誠のアジアとヨーロッパの日系企業の対比である。熊沢は，アジアの日系合弁企業に「規律の拘束性や経営者の慈恵的専制」をみ，「ふつう観念される意味での『日本的』というよりは『古典的な』資本制経営の論理を，アジアに適用している」という。それに対して「ヨーロッパでは，企業へのかかわりを限定する労働者文化，組織労働者の競争制御の哲学を担う労働組合，充実した社会保障と労働者保護立法という相互補強的な諸要因が，『ジャパン・アズ・ナンバーワン』の時代においてもなお，世界の他の地域以上に〈日本的経営〉の適用を制約し，それを適応に誘っている」と述べている（熊沢誠『日本的経営の明暗』筑摩書房，1989年）。

本章で取り上げた見解の多くが，「異なる社会的文脈のもとでの日本的経営システム」に言及しているのは，フォーディズムの超細分化され直接的管理のもとにおかれた労働から，より多面的で自律的な労働への転換のためには，日本のように資本の労働への支配がほとんど制約を受けない状況ではなく，新たな（フォーディズムのもとでの労働組合運動が制度化したものとも異質なものとなるであろうという意味で）資本に対する規制や対抗力を必要とすると考えているからであろう。

また，日本の企業間関係は，自立した小規模企業の水平的ネットワークに近づきつつあるかどうかという論点9)も含まれているが，ここでは，日本の生産組織と労働過程の特徴とそのもとでの労働者の状態に課題を絞って検討する。次節でまず，第1の問題を取り上げてみよう。

III　ヒューマンウェア技術の海外移植

最近では，特に1985年以降の日本企業の大量の海外進出という事態をうけて，海外進出企業の日本的経営の適用状況に関する調査研究が増加している。本節では，ドーアのフレキシブル・リジディティーズやケニー＝フロリダの知識内包的生産という提起を生産過程に即して深めるために，これらの調査

---

9)　近年の議論のなかで，日本における企業間関係について，水平的結合とか水平的準統合とかという概念を適用して，ポスト・フォーディズムの企業間関係の可能性と結びつけて論じられることも少なくない。また，ポスト・フォーディズムの議論のなかに，中小企業の水平的ネットワークに注目する見解があり，ケニー＝フロリダが「ポスト・フォード主義日本」の一つの重要な特徴として挙げているのも，このような論調の影響を受けていると考えられる。この点については，本書第5章を参照。なお，このような論点の形成には，青木昌彦などの企業内および企業間の組織に関する情報論の視点からの研究に負うところが大きいと考えられる。その青木が，企業組織内における自立的・分散的なものと集権的なものとの関係を，「もし，各機能単位が，自立的問題解決と明確なヒエラルキー的指令なしの半水平的コーディネーションの権限を委譲されているとすると，それぞれの単位がそれぞれ独自の性質を発展させ，この部分的利益を組織目的の見地からいうと非効率的方法で追求することになるかもしれない。このような局所的利益の発生にたいする安全弁として，また半自立的問題解決能力を涵養する学習のインセンティヴとして，日本の組織はランク・ヒエラルキーを利用している。……いいかえれば，情報における分散化への傾向は，インセンティヴの構造にかんする集中化への傾向により，バランスが取られているということになる」（『日本企業の組織と情報』東洋経済新報社，1989年）と述べているのは興味深い。ここにいうインセンティヴの構造に関する集中化は，自立性・分散性へのバランスとして描かれているが，もしどちらか一方にウェイトをかければ，そこにはまったく対照的な組織像が現れる。この点については，廣瀬幹好「『日本的経営論』の一試論」『関西大学商学論集』第35巻6号，1991年を参照。

を活用しつつ日本的経営の組織的特徴が「人的要素への強い依存」にあるとする独自の観点から，日本的経営の特質について研究を進めている島田晴雄[10]の見解を検討する。

　島田の独自性は，日本的経営の先進性・普遍性を明確にするために，ヒューマンウェアという概念を用いることにある。技術には，機械や工場設備などに代表されるハードウェアの側面，コンピュータプログラムや目に見えない知識などのソフトウェアの側面のほかに，ヒューマンウェア（機械や生産のしくみと人間とのかかわりあい方）の側面がある。そして，ヒューマンウェアという概念を用いると，現実の「技術の性格」を，ハードウェアやソフトウェアという狭義の技術と人間との相互作用が密なものと疎なものとに分類できるという。すなわち，相互作用が密なタイプでは，「新しい機械設備の導入や仕様の変更が働く人々の経験，知識，技能の蓄積を助長し，逆に，人々の働きかけが設備の改善や革新をもたらすといった相互作用をつうじて，技術の高度化と人々の学習が行われる。いいかえればそうしたプロセスをつうじてより多くの情報が人々に体化され，それがまた生産的な相互作用を一層緊密化し効果的なものにする。このような相互作用が機能するためには，ハードの技術も，人々の仕事の編成も新しい情報を吸収しやすいように，より弾力的かつ開放的に設計される必要がある」。これと対照的に相互作用が疎なタイプでは，「人々の学習も，また人々の働きかけによる機械設備の改善も行われる余地が少ないから，相互作用をつうじて蓄積される情報の量も少ない。そこではダイナミックな相互作用は限られており，外部からの新しい技術体系の導入に依存する傾向が強い」。島田のいうヒューマンウェア技術は，ドーアが注目している企業間関係や職場組織のフレキシブル・リジディティーズを「生産過程におけるハードウェアやソフトウェアなどの狭義の技術と人間との相互作用が密なもの」と把握したものと考えられる。このような観点から島田は，伝統的なアメリカの自動車産業と最近の日本の企業が発展させてきた生産技術とを理念型として対比してみせているが，その要点

10）　島田晴雄『ヒューマンウェアの経済学』岩波書店，1988年。

表1-2 ヒューマンウェアからみた技術の性格

	伝統的なアメリカ自動車産業	最近の日本の自動車産業
労働の編成	標準作業への硬直的細分化	多能工化・弾力的な職務編成
中間在庫	安全弁として十分な中間在庫	在庫の削減・品質の現場管理
生産の規模	大量生産・規模の経済性	小ロット生産・段取り短縮
長　　所	意欲や資質の影響の最小化	「改善」による効率の向上
短　　所	労働の創造的貢献を封じる	人的要素の問題点に脆弱

を対照表にすれば表1-2のようになる[11]。

　島田のヒューマンウェア技術は，生産システムにおける人間の役割を強調する。その最も進んだモデルである日本の自動車産業では，企業の成長や利益は低価格・高品質の製品によって達成され，それは作業員の手待ち時間の削減と中間在庫の削減および不良品の発生の削減の相乗効果によってもたらされる。そして，システム全体の「絶えざる改善（自律的革新機能）」の鍵を握る戦略的要素は，「人間の役割」である。そのために，日本のシステムは，作業者が技術者と協力して，機械設備や作業方法の改善を進め，ライ

---

11) 表1-2は，表1-1に対応させて，フォーディズムとポスト・フォーディズムの対比としても読めるし，筆者もさしあたりそのような意味をこめて作成した。しかし島田のこの著書での展開は，「技術と人間の問題を区別するという考え方は一体いつ頃からアメリカの産業社会に根づいたのか」と問い，「テイラーの主張は……経営者が科学的な分析にもとづいて責任をもった管理をすべきだ，ということであって必ずしも労働者を非人間的な機械の部品のように扱えということではなかった」ことを力説している。それに続いて島田は，メイヨー／マズロー／ソシオ・テクニカル・システム論を管理論の一つの発展として扱っており，管理論からみれば，「技術と人間の問題を区別する」アメリカの産業社会に根づいた方式は，あくまで一つの型であって，「フォーディズムの理念型」と規定する必要はないと考えているのかもしれない。そう考えると，表1-2は，日本的経営をポスト・フォーディズムやパラダイム転換と結びつけて論じているのではなく，（標準化と細分化された職務分類，十分な中間在庫，大量生産）＝「アメリカ型フォーディズム」と，（標準化と数少ない職務分類，チーム制労働，中間在庫の削減，小ロット生産）＝「日本型フォーディズム」の対比であるともいえる。しかし，「このような相互作用が機能するためには，ハードの技術も，人々の仕事の編成も新しい情報を吸収しやすいように，より弾力的かつ開放的に設計される必要がある」という表現からも，島田が日本のシステムをソシオ・テクニカル・システムに引きつけて位置づけていることは明らかであろう。

ン・トラブルや不良品の発生に対処するための権限と責任を現場に委譲している。島田のいう「人間の役割」の強調は，生産のシステム改善への現場作業者の創造性と応用能力を引き出す「現場主義」・「人間尊重主義」[12]という観点を踏襲するものである[13]。

「絶えざる改善」は，技術革新が急速に進行する時代にこそ重要である。1973年のオイル・ショックを契機とする日本的経営システムに対する国際的な評価や関心の高まりの背景には，マイクロエレクトロニクス（ME）革命と呼ばれる新たな生産技術の導入過程における，欧米の機能分化システムに対する日本的な一種の有機的なシステムの優越性があったと考えられる。

以上のように抽出された日本型技術の中心的な要素であるヒューマンウェアが，日本企業によって北米に移植された際に認められる諸特徴のうち，島田の報告で注目されるのは，三つの点である。一つは，全体としてみれば，「作業手順の自己管理」や「柔軟な職務構造とチームワーク」などヒューマンウェアの技術や考え方が，進出企業によって雇用された北米の労働者たちによく受け入れられていることである。二つめは，日本的経営では個々の労働者の勤務成績評価や人事考課が賞与を含む金銭的報酬にも昇進とキャリア形成にも重要な役割を果たしており，それが日本の労働者の会社への人格的な従属を生みだす要因ともみなされているが，いまのところ，北米の日系企業の賃金体系は「単純かつ明快」にできており，「個人別の成績査定の介入

---

12) 大野耐一『トヨタ生産方式』ダイヤモンド社，1978年。
13) ポスト・フォーディズムという議論のなかでは，フォーディズムの「大量生産」に対して，ポスト・フォーディズムの「多品種少量生産」が対比され，そういう図式のなかでトヨタ生産方式が「多品種少量生産」であると把握されていることが多い。しかし，大野耐一は「コスト・ダウンの最大の武器である専用設備による大量生産は，それを単純に推進するのではなく，量産効果を実質的にさまたげないよう知恵をはたらかせ，つまり，最小限度の設備・治具を付け加えることにより，……汎用性をもった専用生産工程をつくる努力がますます重要になってくる」（大野，前掲書）と述べおり，トヨタ方式は「専用設備による大量生産」を基礎としている。大野の説明によると，大量生産のラインの流れを保持したままで，多様な製品を流すことを可能にするのが「汎用性をもった専用生産工程」であるから，厳密には，「多品種小ロット型大量生産」と呼ぶべき，大量生産の一種であると考えられる。

する余地がきわめて乏しい」ことである。もう一つは，進出した日本企業の労働組合への態度と労働者の採用にあたっての，「管理職採用の手続きに比肩するほどの綿密さ」と表現されている，選考の周到さである。島田は，後者がしばしば（進出企業の対応のまずさなどによって）日本企業に対する社会的反発をまねく要因となっていることを認めつつ，これまで述べてきたような「ヒューマンウェア技術の本質的要素」は，それを育んできた均質性，集団主義，同一志向性，横ならび意識のもとでの必死の競争などの「日本社会の文化的歴史的背景」とは区別すべきであり，「ヒューマンウェア技術の本質的要素」は，異文化を超えて通用し適用しうる普遍性をもっていると主張している。

このような島田の日本的経営の移植に関する報告のうち，生産過程への関心からも重要な問題は，日本で改善に改善を重ねて，最新鋭の設備と工程のマニュアルを海外に移植した場合に，「ヒューマンウェア技術の本質的要素」が発揮される余地は，かなり限られているのではないかということである。新しい車の生産ラインを立ち上げる場合には，このような余地も幾分大きいであろうが，それよりも，日本から移植された「完成されたマニュアル」が，高密度の労働や生産目標完遂のための残業を強いる基準として機能しているのではなかろうか。イギリスの自動車部品工業の調査にもとづいて，ターンブルは，JIT方式においては生産の継続性の維持と生産目標の達成が「労働者グループ間のプレッシャー」にもとづいていると言い，また，多台持ちや自主検査などの新しい労働慣行は労働者に企業目的に沿った責任，関与，協調，規律などの「行動のうえでの熟練（behavioural skill）」を要求するが，再熟練化や裁量の拡大などの能力の発展はまったく必要とされないと述べている[14]。そうすると，日本における技術革新（ME化）の過程では，柔軟な作業組織における「再熟練化や裁量の拡大などの能力の発展」をともなってい

---

14) P. J. Turnbull, "Industrial Restructuring and Labour Relations in the Automotive Components Industry; 'Just-in-Time' or 'Just-too-Late'?," in S. Tailby and C. Whitston (eds.), *Manufacturing Change, Industrial Relations and Restructuring*, Basil Blackwell, 1989.

たのかどうか，という問題を調べてみなければならない。

　なお，島田の見解には，日本的経営が伝統的職人労働をキャッチアップの過程で利用してきたという側面への評価はない。しかし，すでに述べたように，キャッチアップから対等な競争を要求され，その意味で経営システムのグローバリゼーションに直面したとき，二つの対応が考えられる。一つは伝統的職人労働を正当に評価して従来の格差的待遇を改め，強権的要素を抑制して情報技術にふさわしいクラスター型の産業を地域に根ざしてつくることである。しかしその反対に，職人的労働を強権的に支配しつつ欧米の経営システムのグローバリゼーションに追随して，生産拠点の海外移転，大型の合併・連携・多国籍企業化のなかで企業内官僚制を一層強化することもできる。後者の方向では，欧米が注目してきた情報技術に適合的な職人的労働という日本的経営の長所が押さえ込まれることになろう。

Ⅳ　熟練の解体と「自律的革新機能」

　技術革新がかえって高度な知識や熟練を必要とすると主張する P. センカーは，欧米における労働過程（ブレイヴァマン）論争を整理しつつ，つぎのように述べている。ブレイヴァマンが分析したように，新技術の導入にともなって人員削減や熟練度の低下が起こる可能性が大きいことも否定できないが，他方で，「企業がもしオートメーション化した工場を効率よく運転しようとすれば，従業員が彼らの知識を保持し拡大するように奨励しなければならない」[15]。それによると，メインテナンス部門でも，受け持ちのシステム全体を理解できる高度な知識と熟練を備えたメインテナンス要員が必要であり，また，NC 機のオペレーターについても，オペレーターがプログラムを補修・編集することを禁じるマネージャーもいるが，結局それは低品質と長時間にわたるダウン・タイムという結果をまねくことになる。

---

15) P. Senker and M. Beesley, "The Need for skills in the Factory of the Future," *New Technology, Work and Employment*, Spring 1986.

イギリスにおける新技術導入過程の調査によると，CNC (Computer Numerical Control) の導入に際して，AUEW（合同機械労働組合）が締結した新技術協定の交渉では，新技術導入の成果を全労働者のものとするための労働条件の改善とならんで，CNC のプログラミングを AUEW の組合員であるオペレーターがおこなうべきかどうかが最大の争点になった。結局，オペレーターによるプログラミングが合意に達したのは，AUEW の交渉力とともに，職務管理の構造をこれ以上官僚制的・ヒエラルキー的に複雑にすることを避けたいという経営側の意向をも反映していたという。そして，「伝統的な職務上の熟練は，これまでと同じように頻繁に用いられるということはないが，依然として必要である。しかも，プログラムを作成するためには，オペレーターは，プログラミングの手法を習得し，ある場合には，より広範なタスク（図面をプログラミング用語に解釈するなど）の理解も必要となるが，なによりも彼ら自身の伝統的な作業を概念化しなければならない」。このために必要な教育訓練計画も協定された[16]。この事例では，オペレーターとプログラマーの分業を固定的におこなうという当初の経営側の主張が退けられ，従来のオペレーターの熟練を保持しつつプログラミングの機能が付け加えられたという意味で，一種の多能工化がはかられ，その結果，作業組織の編成は柔軟なものになったわけである[17]。

　それでは，日本における ME 化の過程はどのようなものであったか。日本で ME 化が比類ない速さで進んだ理由として，田中博秀はつぎの二つをあげている[18]。第 1 に，職種や熟練によって労務管理がおこなわれている場合には，熟練を「解体」し，その評価をゼロとするような新技術導入には抵抗が大きい。しかし，日本の場合には，いわば「没職種」の労務管理がおこなわれており，労働者自身にも職種意識が希薄であり，新技術はスムーズに受け入れられる。第 2 に，熟練技能の保守に固執しないばかりか，QC 活動などを通じて，古いものを積極的に変えていこうとする提案を労働者自身

---

16) E. Batstone, S. Gourlay, H. Levie and R. Moore, *New Technology and the Process of Labour Regulation*, Oxford, 1987.

がおこなっている。生産現場における提案は，ME化促進の重要な要素であった。田中の調査によれば，日本の熟練工の新技術導入への姿勢はつぎのようなものであった。「熟練工達にとっては，一つの作業工程において勘やコツに依存する部分が少しでも残っているということは，自分達にとって恥であり，また，それは生産活動全体からみた場合遅れであり，一刻も早く改められなければならないことであると考えられているのである」[19]。

このように徹底した熟練の分解にもとづいて熟練技能がMEに移転された後に残される作業工程は，「ただ単に，ワークの着脱と機械操作のためのボタン押しをやるだけになってきている」。そのような工程を多数おこなう「多能工」は今日の労務管理では「新しい熟練」とみなされているが，「『せいぜい一週間もあれば十分に覚えられる』程度の機械操作の知識しかなく，それをかりに幾種類もの工作機械について習得しているとか，あるいは一度に何台もの機械を操作しているといっても，それはせいぜいゼロに等しいようなキャリアをただ単に寄せ集めただけにすぎない。その寄せ集めは，全体としてもせいぜいゼロに近いものに過ぎない」[20]。

さて，日本におけるME化の過程が，田中の言うように，徹底した熟練

---

17) これをやや一般的抽象的にいえば，ME化による生産過程の連続化・体系化や設計と製造の連続化は，「生産過程のブラックボックス化」をもたらし，「労働の二極分化」を進めるが，そうであるからこそ逆に，技能工と技術者の有機的連携を意図的にはかり，「労働者の精神的な諸能力を不断に開発」する意義は大きい。「技術改良のモメントは，かなりの部分が実際の生産過程からもたらされ」，「生産過程のコンピュータ化のための制御機能の客観化は，従来，技能工が果たしていた制御機能を基礎にしてしか行えない」からである（青水司『情報化と技術者』青木書店，1990年）。この論点については，マルクスの労働過程研究においても，不断の節約や改良が労働の社会的性格から生ずるという指摘がみられる。「どこでどのようにして節約をするか，すでになされた発見を最も簡単に実行するにはどうすればよいか，理論の実行——生産過程への理論の応用——にあたってはどんな実際上の摩擦を克服しなければならないか，などということは，結合労働者の経験によってはじめて発見され，明らかにされるのである」（『資本論』第3巻，113ページ）。

18) 田中博秀「熟練の解体——懸念される無人化技術のもたらすもの」日本経済研究センター『会報』1984年7月。

19) 田中博秀『解体する熟練』日本経済新聞社，1984年。

の分解にもとづいていたとしても，なお，島田のいう「ヒューマンウェア技術の本質的要素」，「自律的革新機能」がはたらく余地は伝統的職人労働の再生という限定された意味で認められるであろう。しかし，資本主義における労働が管理の問題と切り離せないことを考えれば，「自律的革新機能」が日本型大企業の管理の枠内にとどまっているのはなぜか，ということが問題となろう。興味深いことは，島田が一方では「人間の役割」を日本的システムのフレキシビリティや革新機能の源泉とみなし，他方ではシステムの脆弱性をもたらす弱点だと捉えていることである。すなわち，アメリカの職場組織の編成は，細かい職務区分により人間労働をも徹底的に標準化し（労働の互

20）同前。ME化の進展にともなって，多能工化や柔軟な労働組織やチーム制が導入されるのは，旧西ドイツでも見られた。野村正實はフォルクスワーゲンなどの調査にもとづいて，旧西ドイツで「労働組合が実現をめざしているモデルは，熟練労働者，半熟練労働者，不熟練労働者を組み合わせてチームをつくり，チーム・メンバーがローテーションで仕事をこなしていくという形態である。そうしたことが実現可能となるためには，熟練労働をこなせるようになるための半熟練労働者や不熟練労働者にたいする十分な教育訓練が必要である。労働組合は，そのようなチーム概念によって半熟練者や不熟練者の技能を高め，それに応じて賃金をはじめとする労働条件の改善をかちとろうとしているのである」。これと対比してトヨタなどで進められた「多能工化」について，労働組織の区分に関する比較・分析にもとづいて，「その思想は，ヨーロッパの労働組合がめざしている半熟練，不熟練労働者の熟練労働者化とは逆に，『熟練の排除』なのである。『多能工化』も，熟練労働者化というよりは，標準化による『熟練の排除』をおこなったうえでの『多能工化』である」という見解を述べている（野村正實「生産性管理と人間関係諸活動」戸塚秀夫・兵藤釗編著『労使関係の転換と選択』日本評論社，1991年）。

野村や田中が言うように，日本的経営において「熟練の排除」や「徹底した熟練の分解」が進行したにもかかわらず，日本の大企業がモデルチェンジと製造工程革新のテンポを維持しえた重要な要因は，中小・下請企業における高度な熟練の蓄積であったと思われる。しかし，日本の企業社会における技能熟練に対する不当に低い評価は，この社会を支えてきた中小・下請企業における高度な熟練の蓄積と継承を重大な危機に追い込んでいる。この点について，稲上毅『転換期の労働世界』（有信堂，1989年），業界匿名座談会「半導体産業は5年で内部崩壊する——世界最高級の技術に正当な代価を」（『エコノミスト』1990年4月17日号），関満博「日本の基礎加工技術が消えていく——熟練工不足で崩壊するフルセット型生産構造」（『エコノミスト』1991年9月3日号）を参照。

換性），現場作業員の機械や作業方法の改善に参加する余地も乏しい。しかしこのアメリカ型のシステムは，作業員の意欲や意識に左右される度合いが少ないという意味で，「自己完結的合理性」をもつ「頑健なシステム」である。これに対して，日本型システムの「自律的革新機能」の鍵をにぎるのは，人々の経験，知識，技能，多能工化，チームワーク，作業者と技術者の協力，ライン・ストップや「標準化」や職務分担などの職場における自由裁量など，いずれも「人的要素」に依存する度合いが大きく，その意味で人々の勤労意欲や参加意識に影響されやすい「脆弱性をもつシステム」であると特徴づけられる[21]。

労働過程（ブレイヴァマン）論争の経緯を振り返ってみても，1960年代末の欧米における労働運動や学生運動の高揚の背景に，熟練の解体や労働の単純化に対する反発が強調され，また，「直接的な管理」（管理の機械的システム）に対する「責任ある自治」（有機的システム）の優越性や可能性が論じられた[22]。この有機的システムへの関心は，1960年代になるとSTS（ソシオ・テクニカル・システム）論という明確なアプローチを形成し，イギリス，ノルウェー，スウェーデンなどに波及した。「労働の人間化」という論議のなかで，つねに引きあいにだされるボルボのカルマル工場の試みもこのような動向のなかに位置づけられる[23]。この場合の問題は，「責任ある自治」が労働者の能力の利用を拡張し柔軟性と効率とを達成するうえで優れているとしても，生産における作業標準の確立と遵守，つまり経営の技術的・経済的秩序の維持が困難に陥ることであった。いいかえれば，資本の労働者に対する管理統制権の維持と労働者能力の利用拡大はトレード・オフの関係にあり，管理統制権を維持するためには，職場における労働者の裁量の余地を制限しなければならないが，そうすると労働者の能力の利用はきわめて限られたものとならざるをえないし，また，逆は逆である，ということである。

---

21) 島田，前掲書。
22) P. Thompson, *The Nature of Work*, Second Edition, Macmillan, 1989. 成瀬龍夫ほか訳『労働と管理』啓文社，1990年。
23) 赤岡功『作業組織再編成の新理論』千倉書房，1989年。

したがって問題は，旧来の日本的経営においては，人的要素に強く依存しつつ，その「脆弱性」が表面化しないできたのはなぜか，いいかえれば，労働者の能力を最大限活用しつつ，いかにして資本の労働に対する管理統制権が確保されているのか，ということである。労働過程に着目して考えるならば，日本の大企業では，設備の改善や合理化，職務構成，作業方法，作業標準など，生産性向上に関する事項が，団体交渉事項からはずされ，労使協議制の事項とされ，事実上，経営の専権事項とされているという特徴がみられる。チーム制労働においては，多能工化やジョブ・ローテーションによって労働者の幅広い知識や経験が集団的に形成されるとはいえ，労働組合の職務規制の可能性が存在するのであるが，それを形骸化することによって，封殺しているのである。

そのような構造のうえで，QC活動や提案活動などの「自主改善活動」が推進されているが，熊沢誠によれば，QCには重筋肉労働・汚れ，危険作業の軽減や廃止につながる「ハト派のQC」と要員削減・労働密度の上昇をもたらす「タカ派のQC」がある[24]。こういう視点から辻勝次は，トヨタのQCの事例にもとづいて，その大部分が「労働者の基本要求に根ざしたハト派のQC」であることを確認しつつ，この活動が「労働者の職場自主管理」として展開されないのは，その要となっているアドバイザーやリーダーに企業の入念な人事考課によって選別された職制が配置されているからであり，また，労働組合によって「タカ派のQC」を規制されないからだと述べている[25]。

こうして現代の日本的経営における職人的労働の再生は情報技術の活用に適合的であるが，職場や地域の自治と連動しない範囲に限定されてきたと考えられる。

---

24) 熊沢誠『日本の労働者像』筑摩書房，1981年。
25) 辻勝次「自動車工場における『集団的熟練』の機能形態とその形成機構（中）」『立命館産業社会論集』第25巻第2号，1989年。

V かんばん方式はスピードと労働強化を嫌うか？

　このような日本の大企業における労働組合の「職務規制の形骸化」のうちで重要な問題として，労働密度と時間外労働の問題を考えてみたい。
　JITに代表される「日本的経営」が労働に及ぼす諸影響に関する議論としては，なによりも残業依存と労働強化が典型的であろう。ところが，労働強化については，本来，JITと相容れないものであるという見解がしばしば見受けられる。たとえば，富森慶児は，かんばん方式（トヨタシステム）の労働にもたらす問題として，①労働時間の長期化，②雇用拡大への抑制効果，③労働市場の二重構造化（内部労働市場と外部労働市場）の推進を挙げつつ，ラインのスピード化や労働強化は「かんばん方式」にそぐわないものだと主張している[26]。この主張は，トヨタ生産方式を指導した大野耐一が，フォード主義的大量生産＝スピードを労働強化と捉え，トヨタ生産方式を「つくりすぎ」＝スピードと労働強化とは無縁のものであると述べて以来，繰り返し主張されてきたことである。しかし，トヨタシステムの時間管理は，その設計段階から特異なものである。野村正實の調査によれば，トヨタにおける直接生産部門の要員計算の基礎となる時間要素（「基準時間」と呼ばれている）は，インダストリアル・エンジニアリングの教科書の「標準時間」とは異なっており，つぎのような特徴をもっている。①最も熟達した作業者の最短時間が基準とされていること。②余裕率としては，職制余裕しか考慮されていないこと。③社内の最も優秀な職場が基準になっていること[27]。したがって，労働の強度やスピードはトヨタの作業時間管理の方式そのものに含まれているのであって，「絶えざる改善」による作業手順の改善や段取り時間・手待ち時間の短縮は，「基準時間」の見直しを通じて，「絶えざる労働強化」を要求することになる。

---

26) 富森慶児「ポスト・フォーディズムと『日本的経営』」『経済評論』1989年1月号。
27) 野村正實「自動車産業の労使関係（2）」『岡山大学経済学会雑誌』第20巻第3号，1988年。

フォルクス・ワーゲンなど旧西ドイツにおける調査によると，労働の密度を決定する作業員の配置は，以下のようにシェーマティックに算出される[28]。

基礎要員数＝①必要労働時間（単位当たり時間×生産目標）÷
　　　　　　②1人当たり労働時間(所定内時間－回復時間－個人的休憩時間)
必要要員数＝③基礎要員数×（1＋事故率＋欠勤率）

いま，単位当たり時間を1.67分，生産目標を3000単位として例示すれば，配置すべき必要要員数は，つぎのように技術的に定められる。なお，ライン・ストップなどの見込みを10％，有給休暇などを含む欠勤率を17％と見込む。回復時間（日本の気分転換時間・ホットタイムにあたる）は1時間に5分，個人的休憩時間は1時間に3分として協定されている。

要員数の算出の例示
---
①〈必要労働時間〉
　単位当たり時間＝1.67分／単位
　生産目標＝3000単位
　必要労働時間＝1.67×3000＝5010分

②〈作業員1人当たり労働時間〉
　所定内労働時間＝480分
　－）個人的休憩時間＝3×8＝24分
　－）回復時間＝5×8＝40分
　作業員1人当たり労働時間＝416分

③〈必要要員数〉
　　基礎要員数＝5010÷416＝12人
　　＋）事故率＝10％
　　＋）欠勤率＝17％
必要要員数＝15.3人→16人

出所：野村「要員数決定と要員管理」131ページ。

このうち，ラインを止めることのできない部署で作業員が個人的休憩時間や回復時間がとれるためには，その交替要員が配置されなければならないが，このリリーフマンの数も技術的に決定される。最後に，単位当たり時間（個人的休憩時間や回復時間も）は，インダストリアル・エンジニアリング（IE）の手法によって設定される。その際，注目すべきは，IEマンは専門的職能団体であるREFA（労働科学研究および経営組織協会）に組織されているこ

28）野村正實「要員数決定と要員管理」徳永重良編『西ドイツ自動車工業の労使関係』御茶の水書房，1985年。

とである。このように全国的な職能団体によって蓄積された客観的な基準にもとづいて標準時間の設定がおこなわれるという方式は，技術変化が労働強化をまねかないようにするうえで合理的な方式といえるであろう。

　これに対して，B社（トヨタ）の基準時間は「そうした『科学的』な手法とは異なっている。基準時間は，会社の儲けのためにはこれだけの時間でやるべきだ，という発想が強い。生産管理マネジャーの言葉を借りれば，『そこには科学的なものはなにもありません』ということになる。会社の意志を反映した基準時間ということである以上，そこに労働組合が関与する余地はない。じじつ，B労組は基準時間の設定にたいしてなにも発言していない。つまり，標準時間の『客観性』を交渉する西ドイツにたいして，企業意志としての基準時間を設定するB社という対比が成立する」[29]。日本的経営において追求されているフレキシビリティは，OECDなどで議論されている社会的人間的要因を重視したフレキシビリティとは違っている。それは，一次（内部）労働市場にある労働者にさえ，異常な労働強度と非人間的な長時間労働を強制する「一方通行のフレキシビリティ」である[30]。

---

29) 野村，前掲「生産性管理と人間関係諸活動」。
30) ジョセフ・J・フッチニ，スージー・フッチニ（中岡望訳）『ワーキング・フォー・ザ・ジャパニーズ——日本人社長とアメリカ人社員』イースト・プレス，1991年。マツダのフラットロック工場の電気技師キーリングによると，「マツダにおけるフレキシビリティーは，実際には，一方通行のフレキシビリティーである。会社が労働者のアイデアを聴くときにはフレキシブルではないが，労働者は，職務変更や労働の負荷の増大をフレキシブルに行わなければならない」という。この工場では，手根管症候群をはじめとする腱鞘炎にかかる労働者が続出して問題となった。腱鞘炎は，アメリカのビッグスリーの他の工場でもみられるが，その多くは長年月の工場勤務の後にはじめて発症するのにたいして，フラットロックでは自動車工場で働きはじめて1年か1年半の労働者が発症した。その原因は，ビッグスリーでは1分間に45秒の作業を設定しているのに対して，フラットロックでは1分間に57秒の高密度の作業スピードが要求されるからであると考えられている。しかも，1988年の夏には，この高密度の労働が1日9時間半から10時間半，週6日ないし7日という長時間労働として続けられた。
　同書は，マツダのアメリカ進出を労働者の募集からUAWの協調派の労組指導部が退陣するまでを，大量のインタヴューによって描いたすぐれた著書である。

たしかに，恒常的で長時間の残業や労働強化は，「人的要素」に強く依存する「日本的経営のモデル」とは相容れず，能率を低下させ，チーム作業や柔軟な職務構造による品質管理，ジョブ・ローテーションによる多能工の養成，自律的革新機能を支える QC 活動などを破壊する面があると考えられるが，しかし，現実に進行している。引き続く減量経営のもとで，1987年からの長期にわたる増産体制をとっていた日本の自動車産業においてみられた特徴は，他企業や他部門からの応援者が多数職場に配置されていることである（労働者を，いわば，JIT に配置する）。たとえば，トヨタ高岡工場の組立職場では，組立ラインのスピードが機械設備の能力の限界まで上がっているので，応援者が作業に馴れるまでの1ヵ月くらいの期間，班長はつききりで面倒をみなければならない。「班長は，通常の仕事，提案活動，応援者の面倒，ミスやトラブルの対策，有給休暇をとらせるためのライン入り，仕事が終わってからの手直しなど，とにかく忙しい」。一般作業者も，準備作業や部品の補給などを作業開始前などの時間外にやらざるをえず，有給休暇もとりにくく，まして職務の移動ができないのでジョブ・ローテーションによる多能工の育成も，また日常的な QC 活動もできなくなっている[31]。

VI 「所定外労働時間の恒常的部分」とは何か

つぎに，労働時間についてであるが，日本の場合には，いわゆる所定内労働時間の短縮や変則勤務の問題も重要であるが，ここでは，残業（所定外労働時間）だけを検討する。

一般に，JIT やトヨタ生産方式が，需要変動の緩衝として時間外労働を要求するといわれるのは，チーム制労働や柔軟な職務構造が多能工や長期の訓練によって実現され，「労働の互換性」が低く，生産量の調整を雇用の増減によっておこなうことになじまないと考えられているからである。そういう可能性もあるけれども，必ずそうなるとはいえない。たとえば，労働時間の短縮の動向をリードしてきた旧西ドイツの自動車産業においても，別々の責任領域にあった既存の職務を統合し，プロダクション・チームによる機械設

備の高度有効化，品質改善，原材料のムダの削減がはかられるとともに，直接生産作業・検査・保全の分業から発生していた遊休時間の削減が推進されている[32]。これは，「労働の隙間を埋める」ことによる直接労働の増加であるが，日本で見られるような時間外労働の増加は見られない。むしろ「共同決定」や週35時間制への前進と並行してチーム制が導入されていると考えられる。

　J. ターンブルは，日本の恒常的な残業の原因を，ダウン・タイムを考慮しない稼働計画に求めている。ヨーロッパの製造業では一定の「ゆとり」をも

31）浅生卯一「トヨタにおける『合理化』と職場の状態」愛知労働問題研究所編『トヨタ・グループの新戦略』新日本出版社，1990年。労働強化や所定外労働がチーム作業や柔軟な職務構造による品質管理などの日本的経営方式を破壊するという問題で，トヨタとGMの合弁会社NUMMI（1984年設立）からの興味深い報告がある。この会社は，雇用保証とともにチーム作業や現場での品質管理を導入し現地労働者にも好意的に受け入れられていたという。1986年初めに，会社は従業員を二つのシフトに分け，アセンブリー・ラインのスピードを上昇させ，最初の5ヵ月間で生産量を日産900台と2倍に増加させた。ところが，9月にはいってニュー・モデルの生産が開始されるとともに，（日本からの部品の到着が遅れたという事情もあって）2ヵ月間で目標生産台数を3000台も下回り，11月の初めには，数百台の欠陥車や未完成車が工場の裏に山積みになった。スピードを上げ過ぎたために，チーム内で協力する時間やアフター・ミーティングの時間がほとんどなくなり，また，品質の低下が予想されたにもかかわらず，労働者はラインを止めることができないようなプレッシャーを感じていたという。つまり，労働強化がチーム作業やQCサークルや「目で見る管理」を行き詰まらせたのである。しかし会社は，生産目標に追いつくために作業ペースを速めることを求めただけではなく，11月にはいると連日の残業や休日出勤を要求した。これは多くの労働者の反発を招き，また，数ヵ月にわたる労働強化を放置した労働組合（UAW）への不満を増大させたという（『海外労働事情』1987年7月）。

　　この報告には，産業アナリストの「NUMMIにおける抵抗は，ここの労働者の忠誠心が日本人労働者のレベルまで達しなかったからである」というコメントや，労使関係論の専門家の「アメリカ人は企業が自分の時間を8時間購入するというシステムのもとで仕事をしてきた」というコメントが紹介されている。

32）U. Jurgens, K. Dohsea and T. Malsch, "New Production Concepts in West German Car Plants," in S. Tolliday and J. Zeitlin (eds.), *The Automobile Industry and Its Workers*, Polity Press, 1986.

って85％操業を予定しているが,「日本企業は設備を100％活用するということを前提に運営されている。これは日本の自動車産業などにみられる異常に長い恒常的な残業の原因である」[33]。ここでターンブルが言っているのは,さきに示しておいたような,日本における標準作業の設定が「科学的でない」ということである。このことに加えて,日本の残業時間が異常に長くかつ恒常的である主な原因は,通常の作業計画のなかに残業が組み込まれていることである。

日本の製造業の残業（月間平均所定外労働時間）は,石油危機後の不況が底をついた1975年に9.1時間に減少した後,1979年15.5時間,1985年18.4時間と増大している。この数字だけからでも,日本の残業には景気変動の影響にもとづかない「恒常化している残業」がかなり含まれていることがうかがえる。興味深いのは,1986年版の『労働白書』の示した分析である。それによると1985年の月間平均所定外労働時間18.4時間のうち,景気変動による部分は4.5時間,恒常的部分が13.9時間である。しかも恒常的部分は1975年の8.8時間から一貫して増加し,産業別では自動車産業を含む輸送用機器の19.1時間をはじめ,金属,電機などで長くなってきているという。日本の企業では,作業計画が残業をあらかじめ組み込んでつくられることは普通であって,深夜をともなう二交代制勤務で,早番と遅番との間が3～4時間もあけてあるのも,この間に残業をおこなうことを予定しているからである。ちなみに,1987年のトヨタの年間労働時間は,所定内1984時間（うち年休分11.3日＝90時間),所定外319時間,総労働時間2213時間となっている（自動車総連調べ)。

企業にとって時間外労働の抑制要因となるのは,労働協約や労働基準による規制を除けば,長時間労働による能率の低下と割増賃金の負担であると考えられている。しかし,日本では割増賃金は抑制要因ではなく,むしろ時間外労働の促進要因となっている。労働省の試算したところによれば（製造業),仕事がふえたとき,新規雇用するよりも残業によるほうが労務コストが2割

---

33) P. J. Turnbull, "The Limits to 'Japanization'—Just-in-Time, Labour Relations and the UK Automobile Industry," *New Technology, Work and Employment*, Spring 1988.

安くなるという。新たに人を雇うと1時間当りの企業の負担は1937円(従業員30人以上,1984年)かかるが,残業の場合は1486円ですむため,451円,24.1%安くなる。残業の賃金割増率(現行25％)を62.9％まで引き上げるとはじめて企業の負担は,新規人員を採用した場合と残業による場合とが同額になるという。採用費用,退職金,雇用保険の保険料などの雇用の固定的経費は,福利厚生が充実している大企業ほど高くなるため,大企業ほど残業が割安になり,従業員500人規模以上では,同額になる賃金割増率は74.4％であった[34]。もっとも,この試算があてはまるのは,時間外労働に正当な手当が支払われている場合であり,日本では,手当が支給されるのは,実際の時間外労働の半分以下であるといわれている[35]。

Ⅶ 日本の前近代性は他人の労働への支配が無制限なことにある

モデルとしての日本の生産および労働過程と現実の労働者の状態をつきあわせるのはこれくらいにしよう。では,日本的システムがソシオ・テクニカル・システム論のいうトレード・オフ関係から自由な条件は何か。A. セイヤーは,JITとそれを支えるシステムが労働に与える諸影響について11項目のリストを作成している。そのキーワードだけを列挙しておけば,①人員削減,②「労働の隙間」を埋めることによるストレス,③単一労働組合,④自由裁量的な個人的メリット・システム,⑤長期の訓練と雇用保証,⑥需要変

---

34) 『労働白書』1986年版。
35) 1990年の統計を用いた試算によると,年間の1人平均サービス残業時間は344時間(年間実労働時間2408時間－年間所定内労働時間1908時間－支払残業時間156時間)であり,支払われた残業時間は,「実」残業時間500時間の31.2％にすぎない。このとき,1時間当たりの支払残業賃金は1582円であるから,実質残業コストは,1時間当たり494円となり,女子パートタイム労働者の時間賃金712円に比べて,3割安となっている(森岡孝二『企業中心社会の時間構造』青木書店,1995年)。また,常用労働者3855万人が平均344時間のサービス残業をしたとして,その不払残業賃金の年間総額は,20兆9792億円に達すると試算している。

化への緩衝としての残業，⑦技術的には不熟練であるが「行動の上で熟練を身につけた」労働者，⑧欠勤防止のための労働者の選考の厳格さ，⑨企業主義の培養，⑩中間管理職の削減による階層構造の平準化，⑪「労働者自身によるテイラリズムの内部化」である[36]。

　セイヤーの分析を，日本の大企業労働者の現実にあてはめてみれば，人員削減と長時間労働が極限まで追求され，なお，これを立法を含めて労働者の側から規制するシステムが形成されず，高水準のストレスや疲労の蓄積にもかかわらず「自由裁量的な個人的メリット・システム」によって企業にしばりつけられているということになろう。ケニー＝フロリダは「日本の生産組織と労働過程の理念的なモデル」に着目してその「先進性」を主張し，加藤＝スティーブンは，日本の労働者の現実の状態を対置してその「前近代性」を主張した。それに対して，セイヤーの指摘は，日本的経営システムが，知的な能力も含めて労働者の広範な能力を活用するために，ある種の「責任ある自治」を導入したからこそ，これを経営の管理統制の枠内に封じ込めるためには，労働者に絶えず「行動の上で熟練を身につけ」，「テイラリズムを内面化」させるような影響を絶えず行使しなければならないということである[37]。したがって，このシステムを名実ともに「先進的」なものとするために必要な条件は，たとえばセイヤーが示している「労働者に与える諸影響」を規制する社会的な枠組みや労働組合の新たな規制の方法をつくりださなければならない。私は，そのような社会的な枠組みの最も基本となるのは，労働時間の制限であると考える。

　加藤＝スティーブンの強調する日本資本主義の「前近代性」についても，個人主義志向か集団主義志向かという問題のまえに，日本の企業が労働者に

---

36) A. Sayer, "New Development in Manufacturing: the just-in-time system," *Capital & Class*, No. 30, Winter 1986.
37) このような日本的管理方式を「ストレスによる管理」と捉えて，北米における経験を批判的に検討した事例研究として，M. Parker and J. Slaughter, *Choosing Sides: Unions and the Team Concept*, 1988. 戸塚秀夫監訳『米国自動車工場の変貌』緑風出版，1995年，がある。

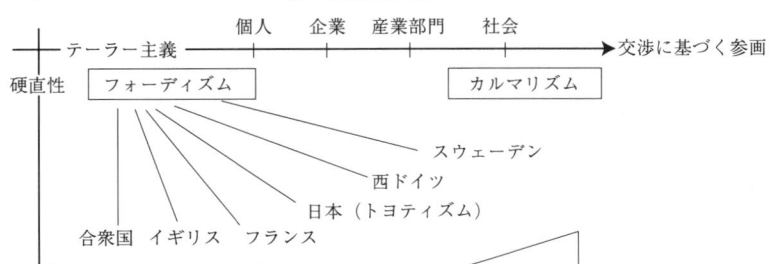

図 1-1　フォーディズム以後の賃労働関係

```
              個人  企業  産業部門  社会
   ┼テーラー主義 ┼──┼──┼────┼──→ 交渉に基づく参画
硬直性 ┌─────┐              ┌─────┐
      │フォーディズム│              │カルマリズム │
      └─────┘              └─────┘
         ╲╲╲╲╲╲
          ╲╲╲╲╲╲  スウェーデン
           ╲╲╲╲╲  西ドイツ
            ╲╲╲╲  日本（トヨティズム）
           ╲╲╲╲
        合衆国 イギリス フランス
      ┌─────┐          ┌──────┐
      │ネオ・テーラー主義│          │　不整合性　  │
      └─────┘          └──────┘
   ↓
 フレキシビリティ
```

出所：A. リピエッツ『勇気ある選択』より。

強制する労働時間が無限定であることが問題であろう。一つの社会が近代的かどうかの基本的な指標は，「他人の労働に対する支配」が労働日の合理的な制限によって制約されており，労働する側の生活時間が区分されていることである。これは，労働者の企業からの自立や労働者の政治を語るためにも，あるいはまた，男女の平等を考えるうえでも，最も基礎的な前提条件である[38]。

そこで，この視点から，A. リピエッツのフォーディズム後の賃労働関係に関する図式的説明を検討してみたい。それによれば，フォーディズムの賃労働関係（「労働者の活動の直接的統制としてのテーラー主義」プラス「賃

38）日本の企業社会において重要なことは，労働の場が，自己実現の場としてたとえ大きな満足を与えるような場合であっても，労働時間を短縮して，それを生活全体の一部に限定し，自己目的としての人間の諸活動の多面的な発展のための生活時間を充実しなければならない，ということである。もっとも日本の企業社会にあっては，単に労働時間が長く，生活時間が短いということだけでなく，終業直前に『本日の残業は〇〇H』という表示によってはじめてその日の実際の終業時間がわかるといわれているように，「自分の生活時間がいつはじまるのか」さえ明確でないという問題も克服すべき重要な問題である。アリストテレスやマルクスを引くまでもなく，自らの自由時間を確保することは，人間的存在にとって決定的な条件である。

金契約の硬直性」）から遠ざかる二つの軸（図 1-1 ）が考えられる。一つは，「賃金契約の硬直性」から「フレキシビリティ（外部労働市場）」への縦軸，もう一つは，「労働者の活動の直接的統制」から「責任を伴う自治（内部労働市場）」（つまり「交渉に基づく参画」＝技能の向上，水平的協働，業務の意志決定と調整への参加）への横軸である。そして，縦軸にそってフレキシビリティを追求する賃労働関係のパラダイムを「ネオ・テーラー主義」，横軸にそって「交渉に基づく参画」を追求する賃労働関係のパラダイムを「カルマリズム」と呼び，日本を含む先進工業国6ヵ国を二つの軸が描く円弧の上に位置づけている。日本は，トヨティズム（＝「企業レヴェルでの参画」プラス「分断的労働市場」）として位置づけられている[39]。

いま，縦軸のフレキシビリティをそのままにして，横軸に「交渉に基づく参画」のかわりに，年間総実労働時間を指標としてとってみよう。その意味は，「交渉に基づく参画」によってもたらされる社会的諸結果の最も基本的な指標の一つとして労働時間の短縮を選んでみるということである。そして，

---

[39] 念のために付け加えておけば，リピエッツ自身は，日本モデルの二重性（「交渉に基づく参加」と「ネオ・テーラー主義」との混合状態）という規定には，日本モデルの善し悪しを論じる意図は含まれていないことに注意を喚起している。「わたしがまず生産性至上主義の資本主義的成功に注目するとしても，それは，わたしが支配的集団によって提案された改革に賛成していることをまったく意味しない。オルタナティヴは，スウェーデン・モデルでも，いわんや日本モデルでもない。だが，現実の変革に寄与したければ，ユートピア（われわれの価値基準や羅針盤）と現実を結びつけ，可能性を冷静に分析することが重要である。日本やスウェーデンの経験が示しているのは，労働をよりよく組織する可能性である。そこに示されているのは，労働をより知的に，より効率的に，しかも，労働者にとって関心が高まるような仕方で組織する可能性である。日本の資本家は，この交渉に基づく新しい妥協を大企業の労働者に限定し，彼らの知識とやる気を最大限に利用することに成功した。だが，資本家が生産者にあたえた譲歩は，ある程度の雇用保証だけにすぎず，生産者の日常生活を質的に改善するものではなかった。他方，女性や下請中小企業の賃労働者の大多数は，実際には，ネオ・テーラー主義によって支配されている。これとは対照的に，スウェーデンでは，『交渉に基づく参画』にかんする妥協はずっと社会化されている。『カルマル的妥協』という用語はこの点を表現している」（A. リピエッツ『勇気ある選択』藤原書店，1990年）。

労働時間の最も短いスウェーデンと2番目に長い合衆国をそれぞれリピエッツの図の位置におけば、日本を除く3ヵ国も西ドイツ、フランス、イギリスの順に労働時間が短く、それぞれ図の位置におくことができる。しかし日本は、合衆国よりも左に、つまり負の領域に飛び出してしまう。最

表1-3　6ヵ国の年間総実労働時間の推移

	1976年	1988年	傾　向
スウェーデン	1,590	(1,545)	↘
西ドイツ	1,781	1,642	↘
フランス	1,796	1,647	↘
イギリス	1,959	1,961	→
アメリカ	1,900	1,962	↗
日　　本	2,090	2,189	↗

出所：それぞれ以下の推計（原則として製造業労働者）による。1976年は Institut der Deutschen Wirtschaft, 1988年は第一勧業銀行調査部，（　）内は1987年，Statistiska centralbyran による。

近10年あまりの労働時間の推移から6ヵ国をみると（表1-3），1960年代から引き続き労働時間を短縮してきたスウェーデン、西ドイツ、フランスの3ヵ国と、逆に延長してきた日本、アメリカ、イギリスの3ヵ国とに両極分化している。したがって、労働者の企業からの自立の前提条件である法的・社会的な労働時間の規制が機能する条件のもとで、社会レベル（スウェーデン）であれ、産業部門レベル（西ドイツ）であれ、また、個人のレベル（フランス）であれ、「交渉に基づく参画」が追求されている国と、アメリカやイギリスのように法的・社会的な労働時間の規制が不十分な条件のもとで、参画を軽視し、ヒエラルキー的な直接的統制と結びついた外部的なフレキシビリティが追求されている国とに分類することができる。日本の場合は、労働者の企業からの自立の前提条件を欠き、「交渉」という関係が成立するための社会的条件を欠いたままで、労働者の多面的な能力の発揮が、企業の制約されない管理統制権のもとで組織されていると考えられる[40]。

　ここでもう一度、ケニー＝フロリダと加藤＝スティーブンの論争に立ち返ろう。ケニー＝フロリダは、フォーディズムの労働過程の極度の細分化と労働の無内容化を克服する可能性を日本的経営の開発した「知識内包的生産」の生産組織と労働編成に見いだし、これを基礎に「ポスト・フォード主義日本」の論証を急ぐあまり、日本資本主義の「強搾取」的性格と日本の労働者の労働と生活の実態を、日本的経営システムの分析のなかに位置づけようと

しなかった。とくに本章で，野村の研究に依拠して述べたように，作業時間や要員数の設定における客観的基準の欠如という問題を位置づけることが重要であった。他方で，加藤＝スティーブンは，進歩的パラダイムとしてのポスト・フォーディズムを日本に適用することに反発し，日本における民主主義，人権，そして階級の利益を横断的な職能別組織によって獲得する労働組合組織と運動の弱さなどのもとで，前近代的な労働者支配を温存し，「過労死」に象徴される高密度・長時間労働を余儀なくされている日本の労働者状態を対置することによって，日本をウルトラ・フォーディズムと規定したために，ケニー＝フロリダの「日本資本が発展させてきた生産過程の組織化の質的に新しい方法がフォーディズム・モデルの枠内に収まるかどうか」という問題提起の意味も見失うことになった。

これに対して，第3の見解は，リピエッツのように，日本を企業内部での労使協調が「労働者貴族制」を強化するデュアリズム（「交渉に基づく参画」

---

40) ケニー＝フロリダと加藤＝スティーブンとの論争へのコメントのなかで，「きわめて多様な経験と国民的文脈から発するさまざまな措置と実践を結び合わせることによってのみ」ポスト・フォーディズムの肯定的なシナリオを考えることができると主張したのは，B.コリアである。そしてこのような見地から，日本における一連の組織革新（アメリカのテーラー主義が実行・保全・品質管理・プログラミングといった機能を切り離すことにあったのに対して，その反対に，①直接的製造の内部での多機能と複数の専門化，②オペレーターの諸機能のなかへの診断・修理・微調整の課業の再導入，③製造の職務の内部への品質管理の課業の再導入，④プログラミングの課業への製造の課業への再結集など）について，それは「トヨタにおいて労働と生産の資本主義的な合理化のための担い手として用いられてきたが，……べつの社会的文脈においては，……労働編成を一新する『進歩的な』形態の基礎として役立ちうる。……これらの組織革新は，新しい生産方法をさし示すことによって，テーラー主義的・フォード主義的な分業の伝統と超細分化労働が労働者におよぼす破壊的な作用を最小限にくいとめてくれる」と述べて，そういう意味で，日本における「一連の組織革新」が，ポスト・フォーディズムの労働編成形態を模索するさまざまな道の一つであると主張している（コリア「プレ・フォーディズムでもポスト・フォーディズムでもなく」『季刊・窓』第5号，1990年）。本章では，コリアの言う「べつの社会的文脈」の中心に，「他人の労働に対する支配」が，法律を含む労働時間の制限と労働組合による職務規制によって，合理的に制限されることであると主張した。

プラス「ネオ・テーラー主義」の混合状態）とする見解であるが，日本の「労働者貴族」は，年間2200時間におよぶ労働を企業に提供しながら，生活費の不足のためになお，労働時間の短縮よりも賃金引き上げを必要とする状態にあり，他の先進工業国よりもはるかに長い所定労働時間で生活費をまかなう「交渉」にさえ成功していない。

　本章では，ポスト・フォーディズムを論じている多くの見解が，「労働をよりよく組織する，つまり，労働をより知的に，より効率的に，しかも，労働者にとって関心が高まるような仕方で組織する」ことと，「管理統制権が後退するという意味で職場に責任ある自治を与える」こととを同一視している点を批判的に検討した。そして，新しい労働編成が「一種の妥協」または「交渉に基づく参画」となるためには，労働者の企業からの自立を支える社会的条件が必要であり，その最も基礎的な条件は，作業時間や要員数の設定における客観的基準の形成と労働時間の合理的な制限であると主張した。

第2章　日本的生産システムと労働組織

はじめに

　J. P. ウォマックらによる『リーン生産方式が世界の自動車産業をこう変える』(1990年)は、マサチューセッツ工科大学を中心とする共同研究の権威ある報告書として、広く読まれたものである。そこでは、トヨタ生産方式がフォード・システム(大量生産方式)に対するアンチテーゼとして描かれ、脱大量生産(リーン生産)方式を実現するものとして評価されていた。さらにこの報告書は、トヨタ生産方式(リーン生産方式)に対する二つの批判、すなわち、①リーン生産方式は「ストレスによる管理」であるという批判と、②スウェーデンにおけるチーム労働による固定されたプラットフォームでの完全組立の試みからの批判とを意識して、つぎのように述べていた。①に対しては、労働者の効率に対する感性を麻痺させるストレスに満ちているのは大量生産型工場であって、リーン生産方式は労働者に創造的緊張感を提供し「考える仕事」を提供している。②に対しては、ウッデヴァラの試みは、ゆるぎない手づくり信仰に支えられた新職人主義ノスタルジアであり、世界が捨て去った「1903年のヘンリー・フォードの組立台への回帰」にすぎず、その生産性はリーンな生産はおろか大量生産とも競争できない[1]。

　このような議論は、相当な実証的な研究の積み重ねにもかかわらず、今日なお繰り返されている。本章は、トヨタ生産システムとフォード・システムとの関連を理論的に整理するとともに、このシステムのもとでの労働者の「創造的緊張感」・「考える仕事」とは何かという問題を、生産システムと労

---

1) James P. Womack, Daniel T. Jones and Daniel Roos, *The Machine that Changed the World*, New York: Rawson Associates, 1990. 沢田博訳『リーン生産方式が世界の自動車産業をこう変える』経済界、1990年、126ページ以下。

働過程に関する研究の成果によって検討してみたい。

I　同期生産と多品種生産

いわゆる大量生産（フォード）システムは，「作業の特定化」（無工作時間の排除）と「要素作業の標準化」（効率化）というテーラー・システムの基礎のうえで，ライン上の作業の所要時間を均一化するよう編成することによって「同期化」を実現し，システム全体としてのムダを排除し，大量生産とコスト低減とを達成しようとするものであった。テーラー・システムを課業管理 task management と呼ぶのに対して，これを基礎にしたフォード・システムを同時管理 management through synchronization と呼ぶのは，このシステムが「生産の同期化」によって成り立っているからである。同期化された生産においては，組立ラインの流れに沿ってみると各々の部品が次々と組み付けられて完成品に至る流れ作業であるが，ライン上のそれぞれの加工リード・タイムは均一に設定され，ライン全体が足並みをそろえた運動を展開しているのである。

このフォード・システムは，すべての要素作業，ラインが技術的に最大限の加工能力を発揮し，生産システム全体に手待ちや在庫滞留のない状態（すなわち JIT）を実現するという点からみて，ここで生産される大量の製品が滞留なく販売されるという市場条件があれば，最も効率的なシステムである。しかし，大量生産と販売が製品の多様化によってしか維持できず，モデル・チェンジや新製品開発が頻発化するようになると，大量生産は多品種化によって実現されなければならなくなる。

ところが，一つのシステムで多くの品目を生産しようとすると，個々の品目についてある時期の需要に見あう量を周期的につくるので（ロット生産），その在庫費用を発生させ，また生産品目の移動にともなう段取り替えという無工作時間（ムダ）が発生する。この場合の在庫費用と段取り費用の問題は，つぎのように関連しあっている。段取り替えの回数を減らし，個々の機械の操業度を高めようとすれば，ロットをまとめなければならない。この（大）

表 2-1 生産の同期化からみた大量生産と1個流し生産

	単品種大量生産	多品種1個流し生産
効率化	要素作業の効率化のための無工作時間の排除（作業内容の特定化・反復化）と工作時間の短縮化（標準化）。	作業時間の長い品目と短い品目が混ざりあい，作業過多と手待ちとが配分されて，全体としてラインの安定化・効率化をはかる。
システム	加工品目（要素作業の組み合わせ）の特定化，機械の単能機化による流れ作業ライン（ベルトコンベア・ライン）の形成。	最終組立工程による各種部品の引取が1個1個混ざりあい，それぞれの加工リード・タイムのバラツキを縮小して在庫量を縮小する。
技術的能力	すべての要素作業やラインのタクトは技術的生産能力が最大限発揮されるよう均一に設定され，生産システム全体の同期化（手待ちや在庫滞留のない状態）を実現。	タクト・タイム（稼働率）は，稼働時間÷1日当たり生産数量として月ごとに自動的に決定されるので，技術的生産能力が「犠牲」となるが，これは人員配置の柔軟化（少人化）によって「補償」。
生産の変動	大量消費市場を前提し，月次生産計画の変更は稼働時間（残業や操業短縮）による。	ディーラーからの変種変量即納要求に対応するため，日々の混流比率（生産順序計画）は，最終組立ラインの先頭に伝達される。しかし混流比率の大幅な変更は生産システム全体の安定化を損なうので，「販売の平準化」が必要。

出所：小野隆生「多品種少量生産体制の現代的構造」を参考に作成。

ロット生産は，段取り費用を減少させる一方で，①それぞれのレベルで作業過多と手待ちを発生させ，②後工程に送り出す品目別部品量（部品在庫）のバラツキ，③品目別販売量（製品在庫）のバラツキが生じるという問題を抱え込む（「生産の同期化の動揺」）[2]。この問題に，各々のバラツキの最大の変動幅を見越した人と機械（手待ちと遊休化），部品在庫，完成品在庫によって対処しようとすれば，システム全体の効率は著しく損なわれることになる。

このようなロット生産に対して，段取り替えを迅速化し，小ロット化を実現して多品種化に効率的に対応しようとするのが，混流生産（究極的には1個流し）である。この混流生産では，前記のロット生産における「同期化の動揺」を回避する以下のような可能性が生まれる。①ラインでは，作業時間の長い品目と短い品目とが1個1個混ざりあい，作業過多と手待ちとが均さ

---

[2] フォード・システムにおける「生産の同期化」と多品種生産によるその「動揺」については，小野隆生「多品種少量生産体制の現代的構造」小林康助編『労務管理の生成と展開』ミネルヴァ書房，1991年が参考になった。

れることによって，ラインの安定性と効率性を維持できる。また，②生産システム全体としても，最終組立ラインによる各種部品の引取が1個1個混ざりあって，それぞれの加工リード・タイムのバラツキを均し，品目別在庫量を縮小できる。③販売の面でも，あらゆる需要に即応し，いつでも必要な品目をそろえておくことができる，などの可能性である（表2-1）。このようにバラツキを均して同期生産をおこなえるように1個流し（混流）することを「平準化」と呼んでいる。

さて，トヨタ生産システムが追求した混流生産においては，この「同期化」はつぎのようにしてはかられる。まず，1台の自動車の組立に要するサイクル・タイムは，

サイクル・タイム＝稼働時間÷1日当たり生産数量
　　（なお，1日当たり生産数量＝1ヵ月の必要数量÷稼働日数）

として，1ヵ月当たり販売（必要）数量によって自動的に決定される。たとえば，1ヵ月20日稼働で，A製品を1万台，B製品を4000台，C製品を6000台，つまり1日当たりA製品500台，B製品200台，C製品300台，計1000台を8時間2交替で生産する場合には，8×2×60×60÷1000＝57.6秒で，1台の製品を生産する（実際は8時間につき10分×2回のホット・タイムが設定されているが無視する）。この56.7秒をサイクル・タイムとして，A−B−A−C−A−B−A−C−A−Cの生産順序を100回（月に2000回）繰り返すのである。

このサイクル・タイム（同期生産計画）は月次で算出され固定されて，それにもとづいて，各部署の要素作業の組み合わせや配置人員が固定される。これに対して，生産順序計画は，できるだけ需要変動を吸収するために，日次で決定され，最終組立ラインの先頭にだけ伝達される。この方式は，多品目の製品に対して需要即応的であるが，この生産数量や品目別生産量の変動は一定の枠内にとどめなければ対応できないので，ディーラーに対して販売数量や品目別の販売を「平準化」するよう強いプレッシャーがかけられている。

また，最大の効率という観点からすれば，製品ごとにそれぞれ適切なサイクル・タイムがあるはずであるが，それはかならずしも考慮されていない[3]。

したがって，生産システム全体が，最終組立ライン（サイクル・タイム）に同調 synchronize しているという意味では同期化がはかられているが，個々の機械やラインが技術的に最大限の効率を実現することは，かならずしも要求されていないのである。

II　トヨタ生産システムと「ムダの排除」

「平準化」による生産の同期化はバラツキを含んだ「近似的」なものであるから，テーラー=フォード・システムが追求した機械やラインの技術的効率は，それ自体としては「犠牲」にされている。このようなシステムのうえでの効率化は，在庫の縮小・少人化などによって，つまり「ムダの排除」によって追求されることになる。「トヨタ生産方式は徹底したムダ排除の方式である」（大野耐一）といわれるのはこの意味である。トヨタ生産システムをより具体的に理解するために，「7種類のムダ」とそれを排除する方式について野原光による整理を参考に図式的な説明を加えておく（図2-1）。

図2-1のうち「動作のムダ」，「手待ちのムダ」，「加工そのもののムダ」は，「標準作業」によって除去される。「標準作業」とは，それぞれの部署で，作業者がサイクル・タイム内におこなうべき作業を一定の作業順序（標準作業票）として客観化したものである。この標準作業は，現場の経験や知識を改善活動を通じて集約した「最良の作業方法」であり，すべての作業者が従うべき作業基準である。この場合のムダとは，標準作業からの逸脱のことであり，たとえよりよい作業方法が見いだされても，提案制度や改善活動をつう

3）　生産システムにおける効率性・経済性は，①最大能率（最小時間）基準，②最小費用基準，③最大利潤率基準という三つの評価基準で測ることができる。しかし，トヨタ生産方式における「サイクル・タイムの設定方法は，このような評価基準のいずれでもない。そのため，需要が少ない時にも，最小費用，したがって最大利潤は達成されないし，逆に需要が多い場合には，労働超過に陥ったり，極端な場合には，管理技術上生産不能な事態が発生する恐れがある。これはサイクル・タイムの設定に当たって，合理的な評価基準が考慮されていないからである」（人見勝人『多種少量生産読本』日刊工業新聞社，1987年，152ページ以下）。

図2-1　トヨタ生産システムとムダの排除

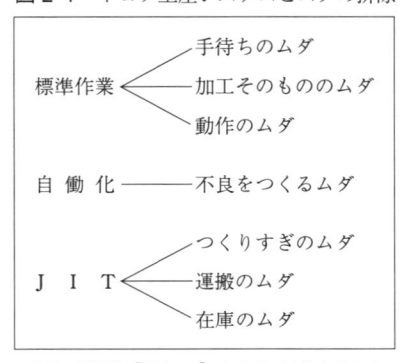

```
          ┌─ 手待ちのムダ
標準作業 ──┼─ 加工そのもののムダ
          └─ 動作のムダ

自 働 化 ─── 不良をつくるムダ

          ┌─ つくりすぎのムダ
J I T  ──┼─ 運搬のムダ
          └─ 在庫のムダ
```

出所：野原光「日本の『フレキシブル』生産システムの再検討」を参照。

じて作業標準の改訂（カイゼン）として客観化されるまでは実行してはならない。注目すべきは，作業の画一化と改善機能は完全に分離されていることである。

　つぎに，「不良をつくるムダ」は，多台持ちの作業者が常時ついていなくても異常を検知して運転を停止する「自動停止装置付き機械」と，作業者がラインをストップ・コード・システムによって自己判断で止め，トラブルをその場で解決するという方式（自働化＝ニンベンのついた自動化）によって排除される。これは，生産システムの内部に発生する異常や欠陥を，後工程や検査部門で検知するのではなく，発生した場所で検知し，ただちに解決する仕組みをあらかじめビルト・インしておくということである。トヨタ生産システムが，システムそのものに自己学習機能＝自己改善機能を埋め込んでいると言われ，『逆転の思考』の著者コリアが高く評価したのはこのことである。

　最後に，「つくりすぎのムダ」，「運搬のムダ」，「在庫のムダ」は，必要なものだけを，必要なときだけに，必要な量だけつくるJIT（ジャスト・イン・タイム）方式によって排除される。すでに述べたように，生産順序計画は，最終組立ラインの先頭に伝達され，その他の加工ラインでは後工程が引き取った分の生産指示が「かんばん」によって連鎖的に伝達される（プル・システム）。この最終工程からの生産指示は，前工程に対して一方的，上意下達的に伝達されるのであるが，それが可能なのは同期生産計画によってサイクル・タイムが事前に固定されているからである。また，このプル・システムは中間在庫のない状態で前工程がただちに後工程の生産指示に応えるのだから，前工程に手待ちや作業過多が生じないように，時々の生産量の山と谷の差をできるだけ少なくしなければならない（生産の平準化）。トヨタの

工夫・カイゼンの例としてしばしば引きあいに出されるのは，ロット生産が避けられない大型プレスの「段取り替え」を3分で実現した（シングル段取りという）ことであるが，これによって数時間の無工作時間（ムダ）が排除されたというよりも，金型交換（必要なムダ）が頻繁におこなえるようになり，小ロット化が進み，「生産の平準化」が進んだということが重要なのである。

この点について，日本の代表的な自動車企業のプレス工場とアメリカ自動車企業のイギリスのプレス工場のダウン・タイム（つまり稼働率）を調査した研究は，つぎのような報告をおこなっている。プレス機の稼働率はイギリスの工場で70％，日本の工場で85％であった。このダウン・タイムを，機械の故障やパネルのつまりなどの故障時間とプレス型交換のための時間に分けると，イギリスの工場では30％のダウン・タイムのうち28％が故障時間，2％が型交換時間（型交換は10日に1回）であったのに対し，日本の工場では15％のダウン・タイムは，故障時間と型交換時間はそれぞれ7.5％と同じ割合であった（型交換はシングル段取りで1日に10回）。K. ウィリアムズらの表現によると，日本のプレス工場が優れているのは「生産ではなくて非生産時間」である。故障時間として浪費されるダウン・タイム（無駄なダウン・タイム）を削減しつつ，型交換時間として用いられる"有益（contributing）なダウン・タイム"が，小ロット化による下流の工程の効率化のために建設的に役立てられ，したがって工程間連関の全体を通じての効率化が追求されているのである[4]。このようなロットの縮小の執拗な追求は，フォード生産システムを基礎として多品種生産を展開する際の深刻な矛盾を解決する日本的形態であった。

---

4) Karel Williams, Itsutomo Mitsui and Colin Haslam, "How far from Japan? A Case Study of Japanese Press Shop Practice and Management Calculation," *Critical Perspectives on Accounting*, No. 2, 1991, Academic Press. この論文は，三井逸友訳「カレル・ウィリアムズほか：日本から遠く離れて？」として翻訳されている。駒澤大学『経済学論集』第24巻第2号および第3号，1992年。

Ⅲ　ストレスによる管理

つぎに，このように「同期化」と「ムダの排除」を追求するトヨタ生産システムが，現場の労働者にどのような機能を要求するかについてまとめてみよう。

第1は，徹底した作業の単純化と「手待ち」の排除という条件のもとでの，高密度の反復作業者の機能である。

要素作業は，テイラー・システムにもとづく動作研究，時間研究によって，あらゆるムダを省いた単純な動作として設定され，そのいくつかの組み合わせがちょうどサイクル・タイムに一致するように1人の現場作業者のおこなうべき作業として編成される。この場合，現場作業者の作業順序は工程の進行順序と一致する必要はなく（「工程バラシ」），多様な工程の断片作業が集められて編成されている。たとえば，広く知られている「連結U字型ライン」の作業編成は，その典型例である。

また，サイクル・タイムの変化や標準作業のカイゼンによって各々の部署で必要な人員配置数は柔軟に変化する。ところが，要員配置数の設定にあたって，ライン・ストップの見込み率，現場作業者の欠勤率などの余裕（率）は考慮されていない[5]。IE（インダストリアル・エンジニアリング）という技術は，このように，人間労働のリズムからみて望ましい小休止や，ラインに付きもののダウン・タイムや，社会生活上当然の有給休暇などの要素を勘

---

5) ターンブルは，ジャパナイゼーションの限界を論じるなかで，ふつうヨーロッパの製造業では，15％程度の余裕率をみて操業計画を作成すると言う（P. J. Turnbull, "The Limits to 'Japanization'—Just-in-Time, Labour Relations and the UK Automotive Industry," *New Technology, Work and Employment*, Spring 1988）。また，野村正實によれば，フォルクスワーゲンでは，1時間につき8分の休憩時間（つまり13％の余裕），ライン・ストップの見込み率10％，欠勤率17％など（つまり合計30％の余裕）を見込んだ生産計画や要員配置がおこなわれていた（野村正實「要員数決定と要因管理」徳永重良編『西ドイツ自動車工業の労使関係』御茶の水書房，1985年）。

案して用いるべきでものであるが，トヨタ生産システムの特徴は，いっさいの手待ち時間を排除し，ライン・ストップが発生しないということが前提されていることである。

日本では大野耐一の言う「もうかるIE」に代表されるように，これらの余裕をほとんど考慮していない。正確に伝えれば，大野の考えでは「ムダを顕在化させる」ことが重要であって，バッファー・タイムや人的バッファーをおけば，ムダは潜在化したまま発見されないのである。「ムダを発見する」ためには，積極的にスピード・アップをして弱い作業箇所のあぶりだし（カイゼン箇所の強制的顕在化）が必要であるとされた。

第2は，JITのもとでラインの運行を確保するために，異常や欠陥を検知しトラブルの迅速な処理をおこなう，センサーと品質管理者の機能である。

一方では，「不良をつくるムダ」を排除するために，異常はそれが発生した現場で処理しなければならず，そのために現場作業者が自己判断でラインを止めるストップ・コード・システムが備えられていた。ところが他方で，このライン・ストップのバッファーとして機能しラインの運行を保証するための中間在庫は，JITによって排除されているから，一つのライン・ストップは全工程に波及する。1日の生産量は決められており，ラインを止めればその分残業に回るので，仲間に迷惑をかける。「そこでありうる対応が，トラブルが発生しないように，高度の注意力集中を正常運行の間中，持続するということである」[6]。現場作業者による欠陥の検知と是正とは，ストップ・コードを引かなくてもすむように，異常な音がしないか，正常でない動きはないかと神経を研ぎすましている労働者をセンサーとして組み込んでいるということであり，そのような高度な注意力を発揮しうる質の高い労働者を前提し，それに依存しているのである。M.パーカーらは，仕掛かり品，予備の機械，余分の労働者，手待ちの時間などの「『バッファーのない生産』における真のバッファーは労働者たちである」と述べて，JIT管理をストレスによる管理 management by stress[7]と呼んだが，的を射た規定というべきであろう。

第3は，現場作業者はつねに作業のカイゼンとコストの削減への貢献を要

求されているから，一種のプロダクション・エンジニアおよびコスト・センターとして機能することが求められる。

トヨタの管理方式のなかで注目すべきは，予算管理における「改善額」（現行の売上高および製造原価にもとづく見積り利益と目標利益との差額）が設定されていることである。この改善額のおおよそ半分は売上高の増加によって達成し，残りの半分は製造部門による（変動）製造原価の節約（カイゼン）によって達成されることが期待される。このうち製造部門が達成すべき改善額は，まず機能別（工程別）に分割され，さらに各工場，各部，各課，各組に分割される。それぞれが分割された改善額を達成する責任を負うコスト・センターとなっているのである。カイゼンによって改訂された製品当たり材料消費量の標準や作業標準は，機能別管理によって横断的に適用されるので，工程が同じであれば全社的に統一された標準が維持される。そして，6ヵ月ごとに改善の目標額と実績が比較され，各センターの業績が評価される。したがって，改善額は現場の作業者にカイゼン活動の動機づけをおこな

---

6) 野原光「日本の『フレキシブル』生産システムの再検討」社会政策学会年報第36集『現代日本の労務管理』御茶の水書房，1992年。

「日本型経営システム」の国際的にみても優れた技術として「日本型ヒューマンウェア技術」を主張する島田晴雄は，評価は逆であるが，同じことを述べている。「この技術は，一口でいえば現場の従業員の創造力をフルに活用する仕組みである。たとえば，現場の従業員が組立ラインに問題があると気付いた時，自分の判断でラインを止める事が出来る。これは自動車産業が採用し，今日では多くの組立産業に一般化している仕組みだが，もし現場の判断が誤っていれば，工場に多大な損害をかける事になる。一時間ラインを止めれば，数百万円の損害が出るのだが，それだけの判断の自由裁量の余地を，労働者に与えているという心理的な意味が重要なのだ。勤労者は，誤った判断をしないように責任を感じるとともに，自ら正しい判断が出来るように勉強する。その結果，問題が起きたときにラインを止めるのではなく，ラインを止めなくて済むように予防保全（プリベンティブ・メンテナンス）に努めるようになるのだ。」（島田晴雄「盛田論文・私はこう読む：長所が短所になる危険」『文藝春秋』1992年4月号）。

7) M. Parker and J. Slaughter, *Choosing Sides: Unions and the Team Concept*, 1988. 戸塚秀夫監訳『米国自動車工場の変貌』緑風出版，1995年。日本版への序論および94ページ以下を参照。

8) 田中隆雄「トヨタのカイゼン予算」『企業会計』第42巻第3号による。

う，単純で明確な目標として機能していると言える[8]。このカイゼン活動は，改善班（エンジニア）や職場の班や組などを基礎として組織される現場作業者のサークルによる小集団活動において，職制のリーダーシップのもとでの改善提案と集団的討議によって進められる。

　以上のように，トヨタ生産システムのもとで現場作業者に求められる三つの機能は，有機的・自律的な関連をもっていないし，また，第2の機能のようにフレキシブルな対応が求められる機能も含めて，すべての機能が上意下達の管理のもとにある（「一方通行のフレキシビリティ」）。ウォマックらのように，これを「創造的緊張感」「考える仕事」と呼ぶことはできない。これに対して，JIT方式における「在庫，運搬，つくりすぎ，不良品」のムダの排除が，「手待ちのムダ」の排除や「省人化」など，徹底したバッファー・タイム（余裕率）や人的バッファー（交代・補充要員）の削ぎ取りという日本に特殊な労務管理のもとで展開されてきたとして，鈴木良始はつぎのような総括を与えている。「余裕を削ぎ落とした高密度作業（人的緩衝の削除）がJITの作業進行の客体性（緩衝在庫の削除）と結合するとき，JITは日本的な過酷な様相を呈するのである」[9]。

　こうして，日本の自動車産業では，生産性を上げれば上げるほど労働者の労働密度が増大する，つまり単位時間当たりの労働投入量がふえるということになる。本来，生産力が発展し生産性が上昇するということは，労働が節約され労働投入量が軽減されるということであるから，一般的な労働生産性の向上という概念は日本には適用できない。このような日本に独自の生産性を表すために，アバナシーなどは"Process Yield"（工程高生産性）[10]という用語を用いたのであった。

IV　経営戦略としての技術と組織

　以上の議論から明らかなように，いわゆるトヨタ生産システムは，大量生

9）鈴木良始『日本的生産システムと企業社会』北海道大学図書刊行会，1994年。

産・大量消費という枠組みのもとで多品種生産を効率よくおこなうシステムとして開発されたものであった。それが生産システムに強くつなぎ止められる労働者に課す肉体的精神的な負荷は非常に大きいが、その改革の方向を論じる前に、簡単にではあるが、1970年代後半以降に展開された労働過程（ブレイヴァマン）論争の成果を、労働者統合の技術的側面と組織的側面の問題について振り返っておきたい。

ブレイヴァマンは、1960年代のアメリカにおける労働市場と労働過程に関する研究にもとづいて、分業にもとづく労働の単純化と低廉化は「資本主義的分業の一般的法則」と呼ぶべき傾向であるが、この傾向を意識的・組織的なものにしたのが、労働過程の知識の管理側による排他的独占（対照的に労働者の側での「衰退」）とそれにもとづく労働統制のための科学的管理法であるとした。また、近代資本主義は、科学技術研究を通常機能として組み込んでいる生産様式であるから、構想（頭脳労働）と実行（肉体労働）の分離に向けて「あらゆる科学的手段と科学に基づくさまざまな技術上の統制」が駆使されると主張した[11]。ここでブレイヴァマンが念頭においているのは、大量消費市場とその独占的支配を前提とする大量（大ロット）生産の最盛期のアメリカ資本主義であり、そのもとでの労働の画一化・グレード低下の進行であった。

その後の労働過程論争の重要な一論点として、企業を取り巻く環境への対応としての「経営戦略」においては、剰余価値生産の極大化のための「労働

---

10) 成瀬龍夫「フォーディズムと日本的生産方式」基礎経済科学研究所編『日本型企業社会の構造』旬報社、1992年による。成瀬はこの観点から日本にポスト・フォーディズムのモデルをみる見解に対して、つぎのように述べている。「私は、もし日本のトヨタシステムをポスト・テーラー主義とかポスト・フォード主義というのならば、生産力の本当の意味での革新でなければならない、そこには、人間の労働を節約するという進歩的な内容がなければならないと考えますが、残念ながら現段階で"Process Yield"と呼ばれるような生産性概念は進歩的に評価できるような生産力の革新概念ではないと思います」。妥当な見解であろう。

また、自動車のコストの国際比較についての1980年代初頭の研究については、橋本輝彦『国際化の中の自動車産業』青木書店、1986年を参照。

11) H. ブレイヴァマン（富沢賢治訳）『労働と独占資本』岩波書店、1978年。

統制」の強化が生産過程における最重要の戦略となるとはかぎらず,「生産のフレキシビリティの増大」や「品質の改良」などによる市場への対応(剰余価値の実現)が重要な戦略的課題となる場合も少なくない,という有力な主張が現れた[12]。その場合には,労働者から知識を集中・独占し自律性を奪うのではなく,反対に労働者に知識を積極的に与え自律性を認めなければならない。したがって,労働統制の形態として,統制の強化(テーラー・システムのような「直接的な管理」)という形態のほかに,職場における労働者の「責任ある自治」(A. L. Friedman)という形態の可能性が主張されたのである。「労働者はその労働が厳格に管理され報奨される経済計算上の生き物だとするテイラー主義の『究極の未来像』は,フリードマンが『人間が機械として扱われるとき,発揮されなくなる労働力の積極面』と呼ぶものを無視していた。新しい機械あるいは新しい労働慣行の導入の成否は,しばしば困難を克服しようとする労働者の意欲に依拠している。テイラー主義が想像したよりももっと大きな裁量の余地を労働者の手に残さなければ,この意欲は失われてしまう」[13]。

ところで,このような論争の発展にとって,ブレイヴァマンの労働過程論そのものの積極的な意義として,つぎの2点をあげておきたい。一つは,ブレイヴァマンの理論が労働組織編成の技術決定論(機械そのものによる〈熟練〉労働の排除)の批判のうえに展開されていることであり,いま一つは,労働力の独自性を剰余価値の生産にではなく,その無限の適応能力に求める「労働の潜在能力論」である。潜在能力論とは,資本家が買い入れる労働力は,潜在力においては無限であるが,その実現に際しては,労働者の主体的状態,労働がおこなわれる企業の特定の状態や技術的背景によって限定される(「不確定性」)。しかも,資本主義的生産関係のもとでは,労働過程は敵対的なものとなっているから,この不確定性から「十全な有用性」を実現させるためには,労働過程に対する資本の統制権の確立が不可欠の課題となる,

---

12) J. Child, "Managerial Strategies, New Technology and the Labour Process," in D. Knights, H. Willmott and D. Collinson (eds.), *Job Redesign*, Gower, 1985.
13) P. トンプソン(成瀬龍夫ほか訳)『労働と管理』啓文社,1990年。

表 2-2 生産体系と熟練・組織・市場

	単純労働＝大量生産モデル	熟練労働＝中・少量生産モデル
熟練と機械の関係	熟練の機械による代替 労働の単純化 機械と熟練の相互排他的関係 プロセス・イノベーションに欠陥 単品種大量生産による高能率	熟練技能の活用 熟練形成のための組織的対応が必要 期間による人間の熟練の増幅 高いプロセス・イノベーション能力 労働者の主体性の尊重
労働の組織的統合	作業の分割にもとづくテーラー主義的編成（労働者の従属化） 労働の単純化による労働者の均質化，労働者の怠業や組織的反抗の可能性 組織的統合のための社会的調整（たとえばフォード主義の高賃金）	熟練にもとづく合理的組織編成と機械による効率化 労働者の構想への参加や利益還元賃金による生産過程での組織的統合 長期的視点に立つ労使の妥協が必要
市場対応	大量消費市場を前提する 市場の変動・消費の多様化に弱い	地域的市場にも対応可能 固有の熟練技術を活かした多様な製品に適応可能

出所：杉本伸「市場経済における生産体系」伊藤誠・小幡道昭編『市場経済の学史的検討』社会評論社，1993年を参考に作成。

というものであった。この「十全な有用性」は，ブレイヴァマンによれば，販売上の配慮よりも製造上の配慮によって支配されてきたかぎり，生産性増大（少量の労働時間を大量の生産物に具体化する）衝動であった[14]。逆に，製品の多様化や高品質化などの販売上の考慮が支配的になれば，ブレイヴァマンの資本の統制権の理論は，別の形態の労働統制（熟練にもとづくプロセス・イノベーションの促進，責任ある自治）を組み込みうる柔軟な枠組みを与えていたものと考えられる。

表2-2は，大量生産モデル（テーラー＝フォード・システム）と対照的な少量生産モデルを考え，二つのモデルにおける，熟練と機械の関係，組織的統合および市場への対応にみられる特徴を，図式的に対比したものである。この対照表のうえでトヨタ生産システムを置いてみると，このシステムは外観上きわめて微妙な位置にあることがうかがえる。たとえば，多能工化は，

---

14) H. ブレイヴァマン，前掲訳書，60ページ以下，および189ページ以下を参照。

「熟練形成のための組織的対応」であるか，分権化や参加は「労働者の主体性の尊重」であるか，年功賃金やボーナス給は「利益還元賃金」や「長期的視点に立つ労使の妥協」であるか，など。この微妙な位置を理解するための鍵は，日本の雇用関係における労働者の地位が「契約」あるいは「取引」と呼べるような「権利」の前提を欠いており[15]，単純反復労働の労働密度にも，異常検知のセンサーや品質管理者としてのプレッシャーにも，またカイゼン活動へのコミットメントにも，そしてこのような状況に労働者を置く強制や競争にも限度がないということである。

V スウェーデンのチーム労働

1980年代に世界的な注目を集めた日本的生産システム，その典型であるトヨタ生産システムは，大量生産システムの完成形態としてのフォード・システムを基礎に多品種生産を展開しようとした場合に不可避の「同期生産の動揺」を，「平準化」の徹底によって最小限に押さえ込み，在庫や手待ちなどの「ムダ」を労働者のあらゆる能力を活用して排除しようとする「戦略」の最も非妥協的な展開であった。その展開に際して，労働者の生活者としての多面的な活動は，高密度の2交替制システムという点からも，需要即応的な労働時間管理（臨機応変の残業など）の点からも，またQCサークルなどの小集団活動という点からも，著しく抑制され限定されたものとなった。

他方，スウェーデンにおいても，「労働の人間化」のための貴重な「実験」が取り組まれた。1970年代のカルマル工場，1980年代のウッデヴァラ工場に代表される自動車生産システムのスウェーデンにおける新しい試みは，国際的にも重要な貢献であったが，それは特に，つぎの二つの点で顕著であった。一つは，組立ラインにおける反復労働を数時間にもおよぶ長いサイクル・タイムの静止した組立ドック上での労働に置き換えたことである。もう一つは，

---

[15] B. コリアと中西洋との対談「トヨティズムに普遍性はあるか」『経済評論』1993年2月号を参照。

表 2-3 日本とスウェーデンのチーム労働のモデル

	日　本	スウェーデン
生産の編成	ジャスト・イン・タイム管理のムダのないライン。	社会技術的改良と労働内容の拡大。究極的には完全組立。
グループ間関係	個々の労働過程ですべてのバッファーと自由度を排除。	個々の労働過程で労働者の自律性と自由度を増大することにより，グループ間の依存関係を減少。
監督と調整	スタッフと部下に対する厳密な命令系統とその役割の強化。職長は訓練，昇進，賃金に関する事項を決定する。	統制の弱化。監督の任務はプラニングに移り，日常的責任はチームに委任。
職務の統制	チームリーダーは第一線監督者による任命。労働者による提案は奨励されるが，決定は標準化を確保するために上からおこなわれる。	グループリーダーまたはグループ代表は，チーム内で選ばれる。ローテーションの場合も多いが，これがよいかどうかは論争点。
労働の強度と能率の要求	最大限の能率への上からと仲間からの強い圧力。能率の上限はない。	能率の限度は会社と組合の協約に明記。現実の労働強度は賃金システムと仲間の圧力によって変化する。
組合の役割	労働組織，生産ペース，職務編成は会社が一方的に決める。	職務内容，賃金システム，権限は協約で定められる。組合は工場の管理組織やスタッフの人選に関与する。
小　括	明確な利益構造。チームは工場管理に厳格に結びつけられている。	自律性：一つの社会的妥協。労働組織は対立する利害を部分的に表現している。

出所：Berggren, 1993, p. 9 による。

職場のヒエラルキー構造を自律的な意志決定を委譲されたチーム労働に置き換えたことである。こうして硬直的で細分化された分業は，水平的にも垂直的にも緩和された。いわゆるチーム労働は，日本的経営の顕著な特徴の一つとされているが，C.ベリグレンによれば，スウェーデンにおいて開発されてきたチーム労働の日本と比較した場合の特徴は，つぎの4点にみられる[16]。

第1に，日本式のチームが組立ライン上で編成されているのに対して，ス

---

[16] Christian Berggren, *The Volvo Experience*, Macmillan, 1993, p. 7 以下。邦訳は，丸山恵也・黒川文子訳『ボルボの経験』中央経済社，1997年。また，篠田武司「忘れられる遺産か？——カルマル・ウッデバリズムと『新しい生産の言語』」『立命館産業社会論集』第29巻第4号を参照。

第 2 章　日本的生産システムと労働組織　65

表 2-4　作業組織や生産設計に関する企業の選択肢

	日　本	スウェーデン
効率性	効率性を工数で厳密に測定し徹底的に追求すること	効率性を目標とする様々な製造戦略による社会的・人間的な影響を考慮すること
フレキシビリティ	従業員が会社のニーズに従うことを一方的に要求する「一方通行のフレキシビリティ」	従業員のニーズに対応するためのフレキシブルな製造設計
管　理	労働の細分化と集中管理の伝統を継続すること	従業員が自主性を高めることができるように企業の労働観を変更すること

出所：Berggren, 1993, p. 255 を参照。

ウェーデンでは，チームに技術上の独立性を持たせる条件を創出するような生産過程の再編成をともなっていた。

　第 2 に，スウェーデンのチーム労働は，労働者の組織的な自律性と自己決定権の拡大を目的とし，グループリーダーは多くの場合グループ内から選出される。また，これまで職長やインダストリアル・エンジニアが遂行していた職務をおこなう。

　第 3 に，日系企業ではチームは職長のもとに組織され直接的に管理されるが，スウェーデンでは第一線監督者の役割は，直接的管理から調整，企画，援助の機能に移る。

　第 4 に，金属労働組合は，中央でも地方でもこのような新しい組織形態の発展を支持し，特にチームの自己決定権の拡大を推進した。

　このようなスウェーデンのチーム労働をいわゆる日本的経営が開発してきたチーム労働と対比したものが表 2-3 である。前節で検討したような，熟練労働の活用による労働者の組織的統合というモデルとつないでこの対照表をみると，カルマル゠ウッデヴァラ・モデルの特徴は労働内容の拡大，チームの自律性，労働強度をはじめとする厳格な職場規制などによく示されている。

　ベリグレンは，労働力不足のスウェーデンと豊富な労働力を利用できた日本との違い，また，それぞれの労働組合の活動の違いに配慮しつつ，結局は両国の違いを「企業の選択」にあると考えている[17]。

---

17) Berggren, *op. cit.*, p. 255 以下。

第3章 二極化した労働時間構造のもとでの労働と生活

はじめに

これまでの章で明らかなように、トヨタ生産システムや日本的経営に関する議論における最大の争点の一つは、日本における生産システムが、人々の能力を多面的でかつ高度に開発するシステムであると評価しうるかどうかという点にあった。たとえば、B. コリアの場合には、「勤労者民主制」の理論的可能性を探求するという立場から、トヨタ生産システムにおける多能工化による作業分割の柔軟性（互いに分かちあえる作業）と構想と実行の分離を連結する労働者の多機能化（市場の変化に対応できる機能のクロスオーバー）を、テーラー＝フォード・システムを乗り越える最も革新的な特徴であるとした。その際、コリアは、日本的経営は労働組織のきわめて「近代的」な性格と、契約関係のきわめて「前近代的」な性格という二面性をもっていると述べ、そのヨーロッパへの移転は、明示的な交渉と契約という伝統を受け入れながら、「労働組織と労使間妥協のあり方をあわせて改革」し、デモクラシーのいっそうの拡大という形をとるであろうと主張した。図式的に言えば、生産性と品質の両立や製品多様化を実現しうる〈ニンベンの付いた自働化〉とジャスト・イン・タイム（JIT）は、労働者の多能工化と多機能化のための人的資源投資によって可能となったが、この人的投資はまた、企業がそれを回収しうる内部労働市場や年功制賃金（これは明示的な契約や妥協ではない）を前提とすると述べている[1]。

---

1) B. コリア（花田昌宣・斉藤悦則訳）『逆転の思考』藤原書店、1992年。なお、本書に関する書評としては、コリアと中西洋との対談「トヨティズムに普遍性はあるか」（『経済評論』1993年2月号）が最も刺激的であった。

図 3-1　日本企業の「好循環」

```
①人的資源投資 ── ②多能工化と多機能労働者
      │       年功制賃金       │
      │       内部労働市場      │
④生産性・品質・製品多様化 ── ③自動化とジャスト・イン・タイム
```

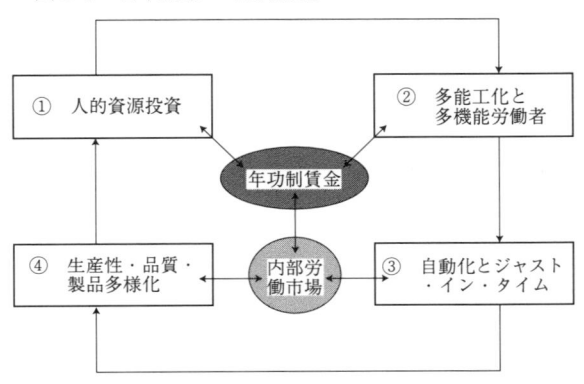

出所：B. コリア『逆転の思考』による。

このように，日本的な経営システムや労使関係のうちに，批判的な評価を含みつつも，一面で20世紀を席巻したフォード・システムを乗り越える要素を発見する論調が国際的に隆盛となった。しかし他方では，そのような日本の現状には，定年を機に職場を離れ，自由な時間を手にした男たちの間に，「恐怖のワシ男」症候群が認められるという。「朝食が終わると亭主がたずねる。『お前，今日どうするんや？』『お昼から講演会に行くのよ』。すると亭主が言うのだ。『ワシも行く。ワシも行く』。／忙しく立ち働き，この国を経済大国にのし上げた男たちが腑抜けの殻になっているのである。自らを生かし，精神的余裕を持って生活文化を創造的に楽しむ術を持ち合わせていないのである」[2]。

職場を離れ，家庭内に逼塞するようになる会社人間たちは，これまでも「粗大ゴミ」とか「濡れ落ち葉」とか呼ばれてきたが，「ワシ」というネーミングは，「ゴミ」や「落ち葉」というよりも能動性や活力にあふれた状態を表現している。しかし，それだけに，豊富な自由時間があるにもかかわらず，それを活用して自らを生かし文化を楽しめない状態とのギャップは，たしかに恐怖を感じさせるほど大きい。フランスにおける常識では，市民とは，職業上の責任，家庭における責任，コミュニティに対する責任という三つの役割を果たすものだそうであるが，日本の会社人間は，余暇不在の非文化的で非創造的な生活スタイルを余儀なくされ，家庭においては父親不在状況を生

2）木津川計『可哀相なお父さんに捧げる哀歌』法律文化社，1991年。

みだし，地域における多彩な人間的交流を遮断されているという意味で非市民的な存在であった。そのような状況のもとで，人間の社会的な存在としての欲求の充足が妨げられ，さらには欲求そのものが萎縮させられる，いいかえれば，人間的存在として当然の「欲求が，あらかじめ失われる」[3]ということの一つの表現が「恐怖のワシ男」であったと言うことができよう。本章では，労働と関連させて日本の生活と生活時間について考えてみたい。

I 労働時間構造の二極化と生活時間の一面化・分断化

『毎月勤労統計』によると，最近の日本の労働時間（1人平均年間）は，オイル・ショック後に2064時間を記録したのち，再び漸増し，1984年に2116時間となったが，内外からの批判やバブル景気崩壊後の不況を反映して，1993年には1913時間を記録した。これは，平均的な労働者が週に約37時間働いていることを意味しており，祝日や有給休暇の影響を無視すれば，およそ1日7.5時間の勤務を週5日おこなっていることになる。いま，通勤時間を片道1.5時間と考えると，勤務日には朝7時30分に家を出て夕方7時に帰宅するというのが平均的なパターンということになるであろう。

日本では，労働時間の格差が男女間で大きいので，1人当たり平均の労働時間ではなく，就業時間階層別・性別の労働時間を調べてみたのが（図3-2，図3-3）である。この図には，最近の変化の一端を示すために時間階層別に1975年以降増加した部分を示してある。1975年の43〜48時間層を山とするなだらかで対称のカーブは，1980年代の労働力の流動化・雇用の多様化によって急速に崩れてきている。

---

[3]）「あらかじめ失われた欲求」は池上惇の用語。また，シトフスキーも参照。「働くことの固有の満足感に一途に依拠しすぎることの主な欠点は，仕事をやめたとき，それが手に入らなくなったとき，またそれが余りにも機械的になって魅力を失ったときに，人生が空虚となり充実感がなくなるという危険に見舞われることだと思う」（シトフスキー「私の福祉への模索」シェンバーグ編，都留重人訳『現代経済学の巨星』上巻，岩波書店，1994年，231ページ）。

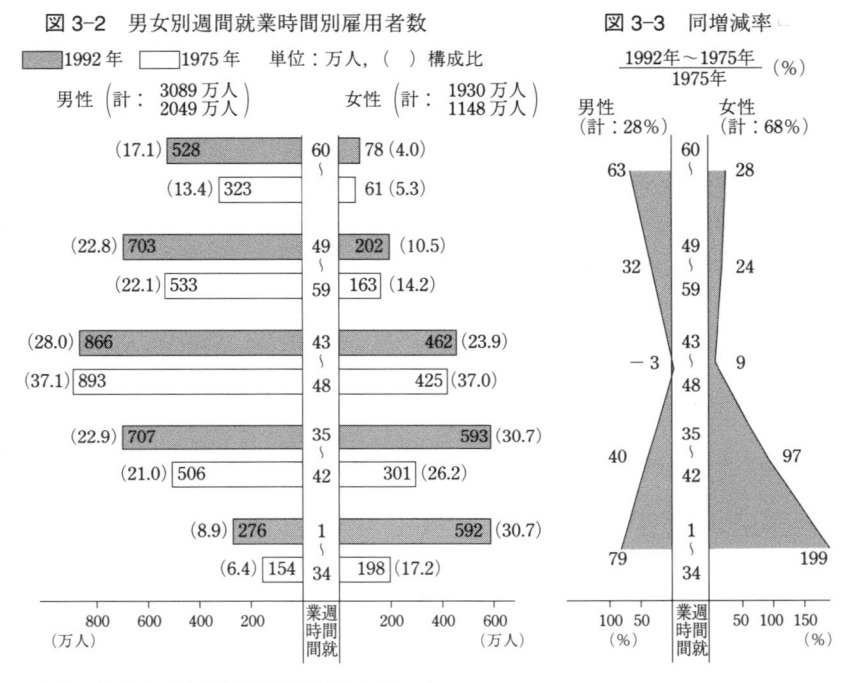

図3-2 男女別週間就業時間別雇用者数　　　　　　図3-3 同増減率

■1992年　□1975年　単位：万人，（ ）構成比

男性（計： 3089万人 / 2049万人）　女性（計： 1930万人 / 1148万人）

$\frac{1992年～1975年}{1975年}$ （％）

男性（計：28％）　女性（計：68％）

	1992年(男)	1975年(男)	就業時間(週)	1992年(女)	1975年(女)	増減率(男)	増減率(女)
	(17.1) 528	(13.4) 323	60～	78 (4.0)	61 (5.3)	63	28
	(22.8) 703	(22.1) 533	49～59	202 (10.5)	163 (14.2)	32	24
	(28.0) 866	(37.1) 893	43～48	462 (23.9)	425 (37.0)	−3	9
	(22.9) 707	(21.0) 506	35～42	593 (30.7)	301 (26.2)	40	97
	(8.9) 276	(6.4) 154	1～34	592 (30.7)	198 (17.2)	79	199

出所：原資料は，総務庁統計局『労働力調査年報』による。

　まず，週の平均就業時間は，1975年に男性で48.1時間，女性で42.7時間であった（男性を100として女性は89）が，1993年には男性で47.2時間，女性で38.0時間（同じく80）と1人当たり平均労働時間の男女間格差は拡大した。その最も重要な要因は，この間の女性の雇用者の増加814万人（1148万人から1962万人へ）のうち425万人が週35時間未満層で，345万人が週35～42時間層で増加し，この二つの層で増加数の95％を占めたからである。また，男性は2049万人から3227万人へと1088万人増加し，短時間就業層でも増加したが，週60時間以上層で146万人，49～59時間層で109万人とこの二つの層で増加数の24％を占めた。バブル末期の1990年には661万人（22％）を記録した週60時間以上層は，不況のなかで減少したが，なお男性雇用者の15％を占めている。労働時間階層別の推移を全体としてみれば，平均的な就業時間43～48時

間層を挟んで，より長時間の層と短時間の層で増加し，「労働時間構造の二極化」[4]の傾向が読みとれる。その基本は男性と女性との時間構造の分化である。

ちなみに，週60時間の労働時間の労働者は，週5日勤務で1日12時間以上働き，つまり7時30分に家を出て，23時30分以降に帰宅する（セブン・イレブン族）という超人的な生活パターンを年間をつうじてこなしているということになる。経験的にみて労働時間が年間3000時間を超えると過労死が発生しやすいといわれるが，この層はこの「過労死ライン」を超えているわけである。また，この数値には，いわゆるサービス残業が含まれているが，労働時間に関する代表的な統計である『毎月勤労統計』（企業調査）と『労働力調査』（勤労者調査）の差によって，1人当たり年間サービス残業時間を大雑把ではあるが推計することができる。1993年の推計値は，1人平均年間残業時間（『労調』の年間実労働2267時間マイナス年間所定内労働1780時間）が487時間，うち支払残業時間（『毎勤』の1人平均所定外労働時間）は年133時間，したがって支払われない残業時間（サービス残業時間）は354時間となる。このサービス残業時間も平均値であるから，その男女間格差はかなり大きいものがあろう。

1992年の年間労働時間が，はじめて2000時間を割り込んだという統計値（1990年に比べて80時間の減少）は，不況によって残業時間が減ったことを反映しているという論評がもっぱらであった。『労働力調査』による1992年の年間労働時間が，1990年より99時間減少して2309時間となっていることからみれば，一般的要因として不況による残業時間の減少を指摘するのは，（景気が回復すれば再び増加する可能性があるという意味も込めて）妥当であろう[5]。しかし，こと『毎月勤労統計』の調査の枠組みからすれば，支払残業時間の削減（サービス残業時間の増大）の可能性も高いと思われる。月120時間残業しているが，残業代は不況のため月9時間分しかつかないとか，「平成4年5月までは月60時間の残業枠だったのが，平成4年6月以降は月

---

4) 森岡孝二『企業中心社会の時間構造——生活摩擦の経済学』青木書店，1995年。

25時間に減らされた。理由は売り上げが落ちたからとのことだが，月70時間以上残業しており，枠を越える時間はサービス残業となっている」(大手電気メーカーの子会社のデザイナー，39歳の男性) という現実があるからである[6]。残業時間削減計画が，サービス残業を増加させる可能性さえあるということであろう。

　森岡孝二は，このようなサービス残業の実態をある程度反映する資料から，「1970年代後半からの日本の労働時間構造はその両極に長時間残業への依存とパートタイム労働者への依存とを抱えてきたのであって，周辺労働力であるパートタイム労働者への依存が増大すればするほど，中核労働力である正社員・本工の長時間残業がいっそう陰湿化する」と述べている。第1章でふれたゴールドソープも，またリピエッツも含めて，欧米の論者の多くには，デュアリズムの中心部や一次 (内部) 労働市場には，縮小しつつもコーポラティズムが成立しており，その内部では労資の利害の調整がおこなわれるという枠組みを前提に議論を展開する傾向がみられるが，少なくとも日本の現実を分析するためには，このような枠組みは適用できないと思う。「男性の超長時間労働は職場における女性差別と家庭における性別役割分業を温存させる原因」であり，日本におけるデュアリズムの進行は，過労死の頻発や出生率の低下などにみられるごとく，その中心部においてさえ「家庭機能の解体あるいは麻痺」[7]という症状を示しているのである。

　デュアリズムの推進力は，フレキシビリティの追求であるが，日本型企業社会におけるデュアリズムの特異性は，日本的経営の追求するフレキシビリ

---

5)　1992年には1990年より所定内労働時間は43時間減少した (『毎勤』)。いま，年間総残業時間を (『労調』の年間実労働時間マイナス『毎勤』の所定内労働時間)，支払残業時間を (『毎勤』の実労働時間マイナス『毎勤』の所定内労働時間)，残りをサービス残業時間とすれば，1990年から1992年の急激な変化のなかで，年間総残業時間は，542時間から486時間へ56時間減少し，そのうち支払残業時間の減少は37時間 (186時間から149時間へ)，サービス残業時間の減少は19時間 (356時間から337時間へ) ということになる。
6)　大阪過労死問題連絡会「サービス残業110番」1992年11月21日実施による。
7)　森岡孝二，前掲書。

表 3-1　25～34歳の妻の世帯類型別の非農林雇用者の比率

「夫婦と子どもから成る世帯」	32.5%	(うち週35時間未満 57.5%)
「夫婦，子どもと親から成る世帯」	39.2%	(うち週35時間未満 40.0%)
「夫婦のみの世帯」	48.7%	(うち週35時間未満 39.3%)
「夫婦と親から成る世帯」	50.0%	(うち週35時間未満 16.7%)

出所：『労働力調査特別調査報告』(1994年) による。

ティの特異性によってもたらされたものである。労働問題のすぐれた調査研究を発表している高橋祐吉は，日本で現実に進行した労働市場の「弾力化」は，OECDのいう社会的人間的要因を重視した「弾力化」とは違って，職務や労働時間の規制もない，「保障なき弾力化」であったと言い，フロー化した労働力の使い捨てを生みだす無規定な「弾力化」は，非弾力的な存在たらざるをえない市民社会との軋轢を深めざるをえないと述べている[8]。

つぎに，フルタイム労働に従事したり管理職に昇進したりする女性に関する統計を調べてみよう。一つは，日本では女性の年齢別労働力率がM字型のカーブを描くが，このM字曲線の谷にあたる25～34歳の妻の世帯類型別就業状態（非農林雇用）を見てみよう。この年齢階層の妻たち（436万人）のうち雇用されている妻の数は168万人，うち「夫婦のみの世帯」と「夫婦と子どもから成る世帯」は130万，「夫婦と親から成る世帯」と「夫婦，子どもと親から成る世帯」は38万であり，いわゆる核家族の割合は77%であった。各類型の世帯総数に占める妻が雇用されている世帯の割合は表4-1のとおりであった。

---

8) たとえば，高齢化やME化を論じた諸章では，日本の企業社会の無規定な「合理化」が進行した結果，大企業の職場には，高齢労働者（といっても50歳代の労働者のことであるが）の分担しうる職務（それらはすでに外注化されている）がなくなっており，市民社会（高齢化社会）が要請する雇用の維持拡大という課題に応えることができなくなっている実態が分析され，65歳定年・年金生活という基本的な社会の枠組みを前提として，職務規制や「労働の人間化」に取り組んできたヨーロッパの労働組合運動との対比を要請している。また，パートタイムやサービス産業の労働を取り扱った諸章においても，生きがいや自己実現を希求する女性や高学歴労働者のまえに，人間の全エネルギーを吸引しようとする企業社会の論理が立ちはだかっていることが分析されている（高橋祐吉『企業社会と労働者』労働科学研究所出版部，1990年）。

もう一つは，女性管理職に関する調査である。『女子管理職調査結果報告書』（女性職業財団，1990年労働省委託調査）によると，女性管理職の25.2％が1日10時間以上働き，年次有給休暇の取得率（平均消化率）は27.5％，また，管理職についている女性のうち未婚者の占める割合は59.3％，既婚者・離死別者のうち子どものいない女性が36.0％であった。つぎに，家事労働の分担について，「夫以外の家族」の協力を得ている女性管理職は37.5％，子どものいる女性管理職のうち「親にみてもらっている」という回答者は72.4％であった。フルタイム労働や管理職労働に就く女性の家事労働や家庭責任との関係にみられる特徴を一言でいえば，これらの女性たちの状態は統計的大量である普通の女性たちよりも男性一般に近い[9]。親との同居とか子どもがいないという「幸運」にでも恵まれなければ，女性がフルタイムで働きつづけることは，なかなか困難だということであろう。

　逆に，いわゆる家庭責任を負う父親の場合はどうであろうか。父子家庭の親の会などの多様な取り組みが報じられるようになったが，たとえば広島市での例でも，彼らは，中堅の社員のおこなう通常の勤務はできず，具体的には「残業はしない」，「出張はしない」という条件を，長期にわたって認められてはじめて企業で働くことができたという。

II 「並行競争」と「転職コスト」

　日本の労働者が市民としての人格の自立性を喪失するほど企業にコミットする要因については，論じなければならないことが多いが，ここでは二つの点に限ってふれておきたい。一つは日本の企業間競争における横並びの同質

---

9) 男女雇用機会均等法10年に際しての特集記事のなかでは，30歳代になった総合職の女性たちは「出産への思いと男社会への恐れがないまぜになる」として，つぎのように書いている。「仕事をしながら子供を産んで育ててみたいと考えるが，産休や育休をとるとなれば，男性と同じように評価を得て出世していくのは無理だろう」。しかし出世したから勝ちとは思わない。「休日はゴルフ，夜は酒を飲んで話すノミニケーションをこなして一回きりの人生を会社に捧げたいとは思わない」（小野智美「女が出世に惑う時」『AERA』1997年2月10日号）。

的競争としての「並行競争」，もう一つは社会全体の二重構造に起因する「転職コストの高さ」という問題である。

戦後日本の企業間関係の特徴は，銀行を中心とする企業集団を形成し，この企業集団による競争というかたちをとった「系列ワンセットによる過当競争」（宮崎義一）として捉えられてきた。ここで取り上げるのは，この過当競争を半導体産業のイノベーション過程の研究を基礎に「並行競争」という概念で説明しようという提案である。それによると，アメリカの企業が既存の領域でのシェア争いよりも新しい領域に飛び出し棲み分け的に分化しようとするのに対して，日本の企業は既存の製品領域に集中し，競合他社との相対的な位置関係から目標水準を前倒しして製品技術開発を加速度的に推進していく（「他社がやるからうちもやる」という"他者志向症候群"）。このような日本的な「並行競争」からは「次元を変えるようなブレーク・スルー的イノベーションは生まれにくい」。日本的イノベーションに典型的なものは，現場の経験にもとづく微細なノウハウの積み重ねを基礎にしたものであり，「多くの場合，独創というよりは他社との比較の上での微細な改良的差異にとどまる」。しかもこのような「並行競争は，観念的な競争の場というよりは地道な"頑張り"の競争の場を生み出しやすく，このことが企業の成員の疲弊を含めて，日本企業の脆弱性の源泉ともなっている」[10]。それはまた，マネジメントの危機とも連なっているという反省の声も聞かれる。「だれも彼もが同じ方向に走り，一つの傾向を極端にしてしまう性向とそれに歯止めを掛けられない経営体質と仕組み，つまり同質化競争とマネジメント・コントロールの脆弱性」こそ日本的経営の最も根深い問題である[11]。

日本の社会全体との関連で，サービス残業や過労死を生みだすほどの労働者の企業へのコミットメントの要因として重要なものは，労働市場の二重構造であろう（図4-4）。この図の特徴は正規労働者の長時間労働の要因を外部労働市場との関連で生じる「転職コストの高さ」と関連づけて表している

---

10) 野中郁次郎・米山茂美「並行競争が生み出すイノベーション」『DIAMONDハーバード・ビジネス』1992年1月号。
11) 経済同友会『企業白書』1992年版。

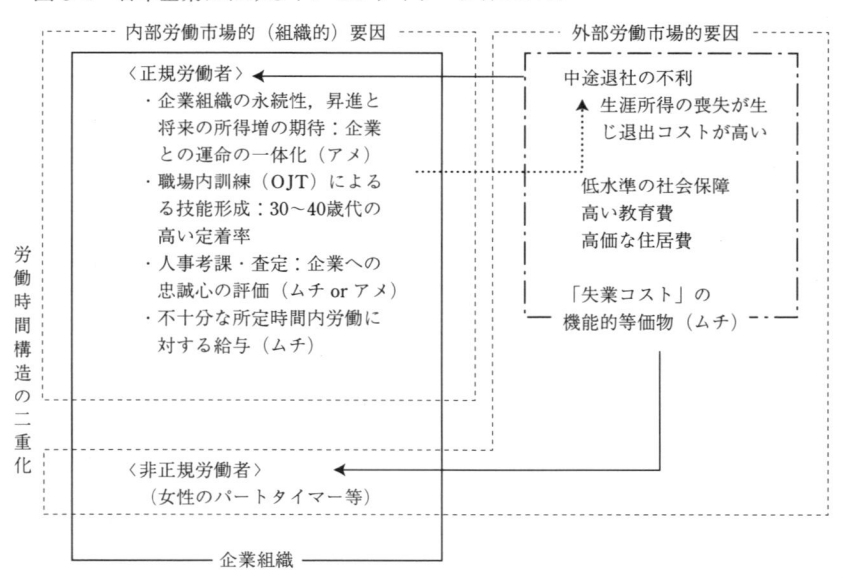

図 3-4　日本企業におけるインセンティブ・メカニズム

```
┌──内部労働市場的（組織的）要因──┐┌──外部労働市場的要因──┐
│ ┌─────────────────────────┐    │ │   中途退社の不利      │
│ │〈正規労働者〉           │←───┼─┤  生涯所得の喪失が生  │
│ │・企業組織の永続性，昇進と│    │ │  じ退出コストが高い  │
│ │  将来の所得増の期待：企業│    │ │                      │
│ │  との運命の一体化（アメ）│    │ │  低水準の社会保障    │
│ │・職場内訓練（OJT）によ  │    │ │  高い教育費          │
│ │  る技能形成：30〜40歳代の│    │ │  高価な住居費        │
│ │  高い定着率             │    │ │                      │
│ │・人事考課・査定：企業への│    │ │ 「失業コスト」の     │
│ │  忠誠心の評価（ムチorアメ）   │ │ 機能的等価物（ムチ） │
│ │・不十分な所定時間内労働に│    │ │                      │
│ │  対する給与（ムチ）     │    │ │                      │
│ └─────────────────────────┘    │ │                      │
│                                  │ │                      │
│  〈非正規労働者〉               │ │                      │
│   （女性のパートタイマー等）    │ │                      │
│                                  │ │                      │
└──企業組織──────────────────────┘└──────────────────────┘
```
（労働時間構造の二重化）

出所：植村博恭（経済理論学会報告，1992年10月）による。

ことである。長時間労働の職場は辞めればよいという議論もあるが，現実の社会の構造には，自由な選択を禁じるほどのハイリスクが存在する。また，現代日本の長時間労働は，古典的な低賃金・長時間労働という図式では説明できないという見解もある。たしかに，相対的に高い所得水準にある大企業の社員が，そのままでは低賃金のために長時間働いているとは言えない場合もあろうし，広範なサービス残業を含む長時間労働を低賃金から説明するのは矛盾しているように見える。しかし，低賃金・長時間労働が真にあてはまらないということになるためには，内部労働市場の内と外との隔絶した所得水準の是正や，図4-4に示されているように，社会保障・教育・住宅などの社会政策の水準の低さとそれを前提とする付加給付の格差構造を改善するなどの条件が必要である。

　そして，おそらくこの「転職コストの高さ」をテコに「並行競争」に巻き込まれる人々の職場環境として重要な要因は，「制約されない企業目標にも

とづく過酷な要員配置・作業時間設定・ノルマ管理」であり，チームワーク（集団主義）の重視であろう。効率の改善なり，販売の拡大なり，コストの削減なりの企業目標は，各職場で全員が「やる気」にならなければ達成困難な目標として具体化される。これが苦痛として意識されるかどうかは問わない。というのは，努力の「積み重ねのあげくに目標に達成できたとなると"やったぁ"という達成の快感を共有する仲間同士の緊密な心理的つながりが生まれる……そういう快感を共有し合う男たちは，……その他の快感（目的もなく森を散歩したりすることによって人間が蘇り再生されるという快感）というか，欲求がだんだん落ちてくる」[12]という体験にもとづく解説もあるからである。

　また，各人の人事考課においても規律性，責任性，積極性，協調性などチームへの全人格的なコミットメントを要求する項目が重視される。こうして「やる気」のないとみなされる者や，労働者としての義務を契約労働時間に限定しようとしたり，権利を主張しようとする者は，しばしば上司からだけでなく同僚からも異質な分子として批判され，排除されることになる。こういう意味で日本の職場の状態を「圧力釜」と呼ぶことがある。その批判や排除の対象となるのは，普通の中高年労働者であったり，家庭責任をもつ女性であったり，普通の市民として家庭や地域の責任を果たそうとする人であったり，趣味や文化を享受したい人であったり，また，障害者であったりするであろう。

　「圧力釜」としての日本的経営に対して，経営者として批判的見解を表明したのは，盛田昭夫（元ソニー会長）であった[13]。盛田は，個々の企業が独自の製品やブランドを持ち，過当競争を避けて一定水準の収益率を確保する欧米の「棲み分け型競争」に対比して，多数の大企業が似たような製品のラット・レース的競争にのめり込む日本型の競争を，低収益率のもとでの過当競争（薄利多売）と捉えた。そして，その効率追求のあまり，利益の従業員

---

12) ダグラス・ラミス／斎藤茂男『ナゼ日本人ハ死ヌホド働クノデスカ』岩波ブックレット，1991年。
13) 盛田昭夫「『日本型経営』が危い」『文藝春秋』1992年2月号。

や地域社会への還元などの面で欧米との格差が広がったとし，つぎのような企業理念の見直しを提起した。①労働時間の短縮，②従業員が真の豊かさを実感できる報酬，③欧米並みの配当性向，④資材・部品の価格・納期等の面で取引先にしわ寄せしない，⑤コミュニティへの積極的な社会貢献，⑥十分な環境保護・省資源対策。

　盛田発言に対しては，エコノミストや企業経営者から様々な反応があった。一方では，輸出価格の引き上げによって「悪魔のサイクル」[14]から脱出しようとする動き（稲盛京セラ会長の提言）もみられたが，他方では，「良いものを安くつくって」日本企業は世界に貢献してきたではないか，労働分配率も配当性向も低く抑え内部留保を厚くして企業を成長させたからこそ経済的に成功したのではないか，など，発言の枠組み自体を受け入れない見解も多かった。

Ⅲ　『働きすぎのアメリカ人』

　100年以上にわたって労働時間短縮の歩調をそろえてきた欧米先進工業諸国は，戦後，特に1970年代以降，ねばり強い労働運動によって労働時間の短縮を一層進めた西ヨーロッパと異常な所得選好によって労働時間を増加させたアメリカ（そしてイギリスも）とに分裂した。その背景として，日本やアジアの新興工業国という長労働時間国の国際市場競争があったことは言うまでもない。J. ショアの『働きすぎのアメリカ人』（原著出版1992年）によると，アメリカ合衆国における労働時間問題も相当深刻である。

　それによると，アメリカの労働者の年間平均労働時間は，1969年の1786時間から1987年の1949時間へと163時間（約1ヵ月の労働時間に相当する）増加した。この増加をもたらした要因としてあげられているのは，全般的な生活水準の低下を補うためのムーンライティング（副業）の増加，所定外労働

---

14) 「徹底した合理化と下請への単価切り下げによるコストダウン→国際競争力強化→貿易黒字拡大→円高→一層のコストダウン」という日本的経営がたどってきた悪循環を野村総合研究所の報告書（1994年5月）は「悪魔のサイクル」と表現した。

時間の増大，有給休暇日数の減少（病気休暇の大幅な減少を含む）などである。その結果，一方では余暇の不足が問題となり，他方では強制された余暇（不完全就業と失業）に直面する人々を増加させた。

ショアの分析では，第1に，新古典派の枠組みでは，完全雇用を想定し，労働者が彼の労働時間の選択権を行使しうるというのであるが，現実には「企業が時間を選択し，従業員がそれに従うかさもなければ辞めよという選択を押しつけている」とする制度学派の考えのほうが妥当する，と言う。労働市場は雇用主に有利な買い手市場であり，また，資本主義は雇用主に長時間労働を選好させる強いインセンティブ（機械化のコストを早期に回収しようとする長時間操業，効率賃金によって生産性を高めるインセンティブ構造，労働費用に占める付加給付の比率の増大など）をもっているからである。

第2に，労働時間短縮は，19世紀以来の歴史を振り返っても，大陸ヨーロッパにおける戦後の経験からも，市場システムの外部から，主として労働組合によって要求され前進するものである。しかし，アメリカでは労働組合も，1930年代における闘争を最後に，消費主義（コンシューマリズム）を受け入れ，主たる関心を所得へと移した。消費の拡大は経済学が教えるような効用の増大ではなく，消費者信用，広告を通じて，他人との消費競争（「隣のジョーンズ一家に負けるな」）となり，生産性上昇の成果は自由時間の増大にではなく，もっぱら所得の増加と消費の拡大に振り向けられ，とどまるところを知らない「働きすぎと浪費の悪循環」に陥った。

第3に，したがって，余暇を増加させるためには，人々の意識的努力と運動の組織化によって，雇用主の長時間労働へのインセンティブを抑制するために時間と金銭の交換を規制し，コンシューマリズムを克服しつつ生産性上昇の成果配分を所得増ではなく自由時間の拡大に振り向けることが必要である。具体的には，①労働者，特に年俸（固定給）サラリーマンの基準労働時間を確立し，時間外労働は金銭ではなく補償時間方式で払い戻す。②最低所得層の賃金および付加給付の改善。③性的平等（男性の労働を家事労働負担と両立可能なものにする）。④消費の自動的拡大を抑制しつつ，将来の生産性上昇の成果を労働時間短縮と所得増加のいかなる組み合わせで配分するの

かの選択肢を勤労者に示すようにすること、などを提案している。たとえば、物価上昇分を除く昇給が年2％であり、それをすべて労働時間短縮に振り向けるならば、アメリカの年間平均労働時間は10年後に（2002年に）1949時間から1600時間に減少するであろう、という。

ショアのアメリカの労働時間の分析と提案を、日本の社会に引きつけて読むと、付加給付のウェイトの高まりなどの長時間労働化のインセンティブや労働運動の闘争力の後退など共通する点も多いが、同じ長労働時間国でも重要な違いがあるように思われる。

第1に、長時間労働化の労働者側の要因としてあげられているコンシューマリズムと所得選好についてである。アメリカにおける長時間労働が、今週の所得額やつぎの契約の年俸という比較的短期の所得増を動機としているのに対して、日本の内部労働市場では、労働生活の終期におよぶはるかに長期の、したがって不確実な昇進や昇給を動機として組織されていることである[15]。この長期性は、日本における時間賃金意識を麻痺させてきた。現在の長時間労働は、いまのあるいは来年の所得増となって現れるというよりも、10年、15年先の昇給や処遇として現れることが期待されているからである。また、日本の労働者の「所得選好」は、現在の消費拡大や家計不足を補う（コンシューマリズム）という面もあるが、「子どもの教育費」や「老後の生活」などより長期的な性格をもっている。

第2に、アメリカでの女性の労働力化は、様々の困難を抱えているとはいえ、雇用のM字型カーブを基本的に克服し、いわゆる高原型に移行している。しかし、日本ではなお先進工業国のなかでは異常に深い谷（20歳代後半から30歳代前半の労働力率の下落）を記録している。たしかに、アメリカの男女の労働者の間で将来の所得増を犠牲にしても自由時間を選択する志向が強まっているのと同様、日本の調査でも自由時間の要求が高まっていることがうかがえる。しかし、ショアが論じているような「積極的な余暇」を実現するためには、時間賃金意識の麻痺の裏面である生活時間意識の麻痺（会社

---

15) 花田光世「人事制度における競争原理の実態」『組織科学』第21巻第2号。

人間化した男性のなかでは,「家族のための時間を会社に捧げる」ことが「家族のためである」と意識される)という問題も軽視できない。経済企画庁(現 内閣府)の『1800時間社会の創造』に紹介されているある調査(1988年)によると,「自分の自由になる1週間の連続休暇をお金で買えるとしたらいくら出すか」という問いに対して,日本のビジネスマンは約7万円,在日外国人ビジネスマンは26万円と答えたという。

　第3に,ショアのアメリカ社会に対する処方箋では,一定の基準を明確にしたうえでではあるが,ジョブ・シェアリングや多様なパートタイム計画を含むフレキシビリティの拡大を通じた,労働者の労働時間の選択権の拡大が提起されている。しかも,それは可能なかぎり「コスト中立的」な方策として考えられている。しかし,日本の職場では,多くの場合,仕事量と要員数の客観的な基準があいまいなままで,過度の人員削減がおこなわれ,内部労働市場における恒常的長時間残業や過度の外部労働市場への依存を生みだしてきた。1980年代になるとアメリカでも職務内容・先任権・標準作業量・配置転換などを詳細に交渉する労資関係は,フレキシブルな生産への転換にとって障害と認識され,これを解体ないし緩和することが追求されたが,この資本の攻勢はなお労働側の抵抗をまぬかれていない[16]。日本の場合には,労働(時間)のフレキシビリティは過剰(「底なしの弾力化」)なのであって,フレキシビリティは「労働の人間化」や労働者の職務規制の前進,厳格な法的規制との関連のもとで検討されるのでなければ,もっぱら企業の選択の自由が拡大するということになりかねないのではないかと思う。

Ⅳ　排除と包摂

　現代日本の労働時間構造と長時間労働について,以上述べてきたことをもとに,女性の内部労働市場からの排除,短時間外部労働市場へのつなぎ止め

---

[16] 木元進一郎「日本的労務管理と『弾力化』――国際比較のために」明治大学経営学研究所『経営論集』第39巻第1号,1991年9月。

という構造を論じる視点から，いくつかの論点を補足しておきたい。

　第1に，労働時間構造を規定する労働過程の要因，内部労働市場の要因，外部労働市場の要因の関連についてである。繰り返し述べたように，企業社会における同質化競争にのめり込む人々と，それから排除される人々との区分は様々でありうるが，最も典型的で社会状態のバロメーターとなる区分は，男性と女性の区分であろう。1970年代後半以降のパートタイム労働者などの増大は，労働過程の要因によって内部労働市場から排除された労働者の積極的活用が急速に進んだことを反映しているが，企業の労働力構成がこのような労働者への依存を深めれば，正規労働者は，本来の業務に加えて指導・援助や調整などの機能を果たさなければならないから，長時間労働の促進要因が増えることになる。また，前掲の図3-2からもうかがえるように，外部労働市場の低賃金・低付加給付は，女性に対する税制や社会保険の差別的制度によっても増幅されているのであるが，これも女性を短時間就業につなぎ止める社会制度上の環境となっている。いわば「長時間労働と性別役割分業」は悪循環するということになる。

　第2に，女性の若年での退職という問題がある。本章の冒頭で紹介したように，コリアは「日本企業の『好循環』」で終身雇用や年功賃金と関連させて「人的資源投資」の意義を強調しつつ，「家父長制的な包摂と排除」に前近代性をみていたが，「排除」の典型は，正社員でありながら技能形成（人的資源投資）から排除される一般の女性労働者である。「人事査定による労働者間競争を前提とした年齢別生活費保障型賃金カーブ（いわゆる妻子を養う賃金）」（野村正實）のもとで，ある程度「はばひろい」技能形成が求められる男性労働者と技能獲得・熟練形成の機会も与えられず単純反復作業に釘づけにされる女性労働者との分離が固定化されてきた。「この賃金体系を前提とするかぎり，女性正社員の勤続へのインセンティブをくじき，若年で退職させることは，企業にとってほとんど至上命題となる」[17]。

17）大沢真理『企業中心社会を超えて――現代日本を〈ジェンダー〉で読む』時事通信社，1993年。

したがって，日本の社会構造全体にかかわる男女の性別役割分業の固定化も，企業社会の内部労働市場の長時間過密労働という構造が，家庭責任を媒介として女性に若年退職とパートタイム化を（いわば主体的に）選択させたと単純化して言うことはできない。また，このようなメカニズムが，逆に，性別役割分業を家計の経済計算のうえで合理的なものにする。夫は家事などかえりみず「仕事」に精を出し，残業手当を稼ぎつつ人事考課もプラスにする，そして時間当たり収入の低い妻は子どもの世話や老親の介護などに精を出し，「家事」にかかる貨幣支出を最小にしつつパートタイム労働に従事するという選択こそが，つまり夫の「会社人間化」こそが家計にとって最適の，あるいは最もリスクの小さい「戦略」とならざるをえない[18]。

第3に，普通の市民の生活が，労働，家庭，コミュニティという三つの場で責任を果たすことであるとすれば，企業社会の長時間労働と女性差別を規制できない社会では，女性は生理的にも非文化的状況によっても家庭責任を果たすことを余儀なくされる。このような性別役割分業が顕著な社会で，職場や教育における際限のないパフォーマンス競争があれば，本来，家族構成員の生命の再生産を分担する女性の役割が，男性の企業戦士としての競争力を保証し，子どもに受験競争の戦士としての競争を強制するような機能に，つまり，彼らが普通の市民としての義務を果たしたり，普通の市民として成長する機会を奪うような機能に一面化される傾向を避けることはむずかしい。その帰結としての男性の側での「恐怖のワシ男」現象は悲惨であるが，他方で，男性の企業戦士化を保証する機能の分担に専従する度合いに応じて，女性のライフ・サイクルもまた，受験競争期・就職期・家事育児専従期・パートタイム勤務期・老親介護期など一面的な機能に分断されることになるであろう。

第4に，コミュニティ（地域）に着目すれば，おおざっぱに言って，1960年代までの日本の地域社会の諸活動の担い手は，多くの場合，名望家的な自営業主を支配層に据えて草の根保守主義にかすめ取られていたとはいえ，専

---

[18] 同前。

業主婦と呼ばれる女性たちであった。地域におけるこの層は今日，急速に労働力化・パートタイム労働者化しつつあることは，すでにみたとおりである。日本の長時間労働社会にあっては，パートタイム労働者化した女性たちの全労働時間（労働時間＋通勤時間＋家事労働時間の合計）は，夫のそれとほとんど変わらない[19]。さきのショアも，アメリカの現代の様々な社会病理を，余暇の減少にともなう人々の家族や地域のなかでの活動の衰退と関連づけて論じている[20]。

むすび

最後に，このような企業社会の長時間労働に対する対抗力についてである。資本主義のもとで労働時間を短縮する対抗力が，いわゆる市場メカニズムを規制する市場外部からの諸闘争，とりわけ労働運動の力量にあることはいうまでもなかろう。しかし歴史的にみても，市場外部からのモメントは，人道主義的な意識であったり，国際的な圧力であったり多様である。そこで，現代日本社会のメガ・トレンドと考えられる国際化・高齢化・情報化という問

---

[19] 伊藤セツらの多摩ニュータウン調査（1985年）によると，平日の全労働時間は，妻パートタイムで夫11時間54分，妻11時間26分，妻常勤で夫11時間59分，妻12時間9分であった。なお，夫の家事負担は週末にも少ないために，全労働時間の週推計では，妻パートタイムで夫71時間18分，妻74時間50分，妻常勤で夫73時間10分，妻78時間35分であった（伊藤セツ・天野寛子共編『生活時間と生活様式』光生館，1989年）。

[20] J.ショアの著書は，いわば余暇能力についての発達論的な議論も含まれている。余暇を活用する能力は，「生まれつきの」才能ではなく，人間の成長過程で身につけなければならないものである。「仕事一辺倒になると『余暇の熟練』は退化する」。「地域の演劇活動に参加するとか，スポーツや楽器の練習に時間を割くとか，教会や地域社会の組織に参加するとか，やれば楽しい多くの余暇活動は，時間がかかりすぎるために禁じられている」。そこで省エネ的暇つぶしに人気が集まる。「地球上で合衆国以外の国で，豊かな工業国でありながら，合衆国よりも労働時間の長い唯一の国日本が，やはりテレビを長々と見る唯一の国なのである」（J.ショア，森岡孝二ほか訳『働きすぎのアメリカ人——予期せぬ余暇の減少』窓社，1993年，230ページ以下）。

題にそって，手短に述べておきたい。

　一つは，国際化が進展するということは，公正競争を実現するための一種の国際労働基準の設定が求められるということである[21]。その場合，日本の労働基準政策の「あいまいさ」や労働状態に関する社会統計の欠陥は，重大な障害となるかもしれない。また，「ドイツ社会の日本化か，日本社会のドイツ化か」[22]という問題も生じるであろう。すでに述べたように，日本の長労働時間構造が，サービス残業にみられるような労働時間管理のあいまいさだけでなく，職場における労働密度や標準作業量の規制がないことも重要な要因としているとすれば，労働基準のレベル・アップや監督体制の整備と結びついた職務規制能力の発展が不可欠であろう。

　二つ目に，日本社会の前例のない急速な高齢化である。高齢化社会における女性の労働力化は不可欠の政策的課題であるが，今日，日本の進んでいる方向は，性別役割分業を前提とした女性の限定的活用であるように思われる。こういう現実を反映して，日本の高学歴女性の社会的活用は，おそろしく立ち遅れている。図3-5は，1997年版『国民経済白書』[23]が作成したもので，欧米では高学歴女性の労働力率が高いが，日本では「高学歴女性が就業を継続しないことや，退職して家庭に入った後に再び就職して能力を発揮することが少ないというのは社会的にも大きな損失」と言い，女性の社会的活用のための条件整備の必要性を主張している。

　これまでの家事・育児を中心とした「福祉国家としての女性」が，膨大な介護機能を引き受けることを日本の資本主義社会が強要することになるのかどうかは，長労働時間を克服し新しいライフ・スタイルつくるうえで決定的な岐路となるであろう。

---

21) 徳永重良「現代の労働問題——一つの問題提起」馬渡尚憲編『現代の資本主義』御茶の水書房，1992年。
22) 西谷敏『ゆとり社会の条件』旬報社，1992年。
23) この『白書』は，「働く女性——新しい社会システムをもとめて」というタイトルをもち，高齢社会日本を支えるためには，女性の活用が不可欠の条件となるという立場から，大変興味深い統計的分析をおこなっている。

図 3-5 高学歴女性の労働力率が低い日本

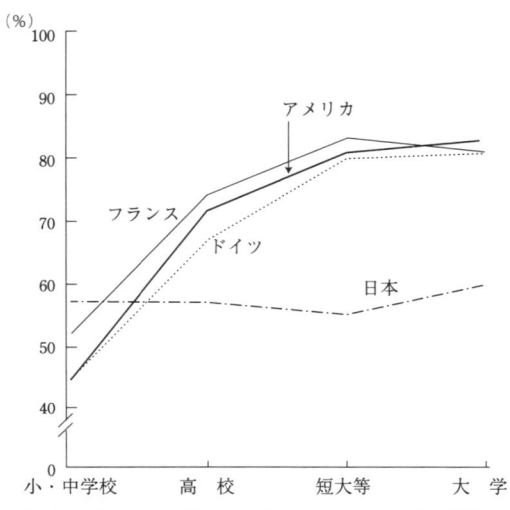

(グラフ：小・中学校／高校／短大等／大学の順に、アメリカ、フランス、ドイツ、日本の労働力率を比較)

注 1) 日本以外は，OECD, *Education at a Glance*, 1996 により作成。
2) 日本は，総務庁「国勢調査」1990年により作成。
3) 25歳から64歳の労働力率で比較。

そういう社会システムの構想としては，労働過程における「労働の人間化」を追求するとともに，公的社会福祉サービスを拡充して女性労働の社会的活用と男女の機会均等を実現した，いわゆるスウェーデン・モデルが広く知られている。図式的に言えば，「ブレッドウィナー型」の日本の場合には，男女の固定的役割分業（男性のペイドワークと女性のアンペイドワーク）のもとで福祉もまた男性の社会保険などに妻子の福祉が付属している（図3-6a）。これに対してスウェーデンは「外部委託型」で，保育と介護を中心とした家庭内労働（アンペイドワーク）を社会サービスに置き換え，そのサービスを公務労働として女性の労働条件を大規模に引き上げ，男女をともにフルタイムのペイドワークに従事させることによって，男女の平等を実現しようとした（図3-6b）。それに加えて，近年注目を集めているのは，全般的な労働時間の短縮と豊かな社会サービスの供給体制を前提とし，短時間就業をフルタイム就業と同等に処遇することを通じて，男女の稼得労働と家庭内労働と余暇時間の選択機会を拡大する「組み合わせ型」（図3-6c）を追求するオランダ・モデルである[24]。

「ブレッドウィナー型」が男性1人の稼得労働を予定している1.0型であり，福祉は「（女性のアンペイドワークを前提とする）残余的モデル」であるのに対し，「外部委託型」は男女2人の稼得労働を予定した2.0型で，必要とす

図 3-6 アンペイドワーク再分割のシナリオ（1994年）

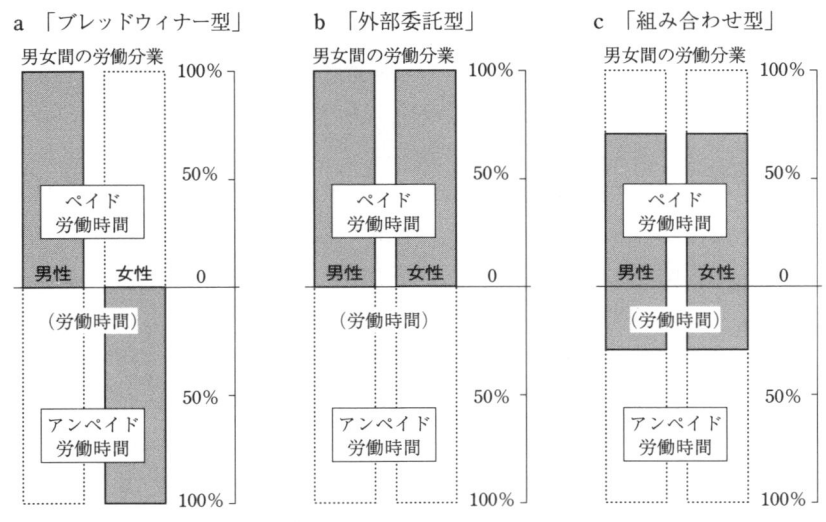

a 「ブレッドウィナー型」　b 「外部委託型」　c 「組み合わせ型」

出所：角橋徹也「オランダの男女平等社会実現へのシナリオ」による。

る社会サービスを高率の所得税などで負担するモデルであり，「組み合わせ型」は1.5人の稼得労働を予定し，その配分（1.0プラス0.5か0.75プラス0.75か），したがってまた保育や福祉を含む労働を家庭内（アンペイドワーク）と外部のサービスとでどのように組み合わせるかについても，当該男女の選択に委ねるモデルである。このようにオランダ・モデルは，フルタイムとパートタイムの時間当たりの処遇を平等化したワークシェアリング（ペイドワ

---

24) 角橋徹也「オランダの男女平等社会実現へのシナリオ――アンペイドワークの社会経済政策」『経済』2001年4月号。これによると、「組み合わせ型」を実現する基本施策として、①生活時間の配分、②給与・給付の個人化・脱家族化、③ケアなどのための一時休暇制度と施設の充実が掲げられているが、2010年のオランダにおける週単位の時間配分のパターンは、つぎのとおり計画されている。法定労働時間を2010年に週32時間・週休3日として、1週168時間を第一次活動時間（睡眠56時間と生理的活動7時間）に63時間、第二次活動時間（ペイドワーク32時間と通勤時間3時間で35時間、アンペイドワーク35時間）に70時間、第三次活動時間（自由時間と社会活動）に35時間とする。

ークにとどまらず，アンペイドワークもシェアする）モデルであるから，日本でも1990年代の後半に注目されるようになった。しかし日本では，ワークシェアリングを検討する前提としての時間賃金（率）という考え方が未熟なために，時間当たりの処遇を平等化するための基準そのものが不明確で，ワークシェアリングもできない状態にある。

　三つ目に，情報技術の進展にともなう，情報独占による他人の支配という問題である。特に，企業における人事管理では，個々のあるいは時々のパフォーマンスに関する情報や個人の成育歴や家族に関する情報がなんらの制約を受けることなく蓄積されている。ある銀行の人事情報システムは，600項目にわたる個人情報をデータベース化しているという[25]。労働者個人にかかわる情報のうち，どこまでをプライバシー保護の対象として，企業の人事情報としての集積や利用を制限するかどうかは，日本的人事考課の客観性・公開性・納得性をめぐる問題の一環として重要性を増すであろう。

　以上述べたように，三つのメガ・トレンドは，日本の企業社会の改造の契機となるであろうが，その方向については予断できない。「豊かな社会」論の隆盛は，生活の質への関心が高まり，労働の人間化・家族や地域における多彩な交流など非貨幣的な領域の価値が認識され，男女共生社会が希求されているからだと思われるが，そのためには，企業社会を部分社会として限定するための社会システムの設計（たとえば，週休3日制・週労働時間を32時間とし，時間当たり労働条件の均等化をはかる）がなければならないと考えるのである。

25）池上惇「日本型産業社会の特徴と改革の課題」基礎経済科学研究所編『日本型企業社会の構造』旬報社，1992年。

第4章　フレキシビリティとジャパナイゼーション

はじめに

　先進資本主義諸国の経済社会がなにか新しい時代を迎えつつあるという論潮は、その新しい内容が何かということをおくとすれば、広く受け入れられるようになった。それは戦後の安価なエネルギー価格、アメリカ主導の貿易システムあるいはまたケインズ主義的需要管理政策に支えられた「組織資本主義の終焉」[1]とも考えられているし、また、トフラーが未来学的に見取図を描いてみせた人類の「第三の文明」[2]への移行が始まったとも考えられている。

　このような経済社会の変化の兆候または症状としてしばしば問題となるのは、恒常的な高失業率、国際的な経済的力関係の急激な変化、国家のヘゲモニーから市場のヘゲモニーへの移行、マイクロエレクトロニクス（ME）を基礎とする新技術の広範な導入などである。

　本章は、このような大きな状況変化をめぐる議論のなかで、一つの中心的な論点となっているフレキシビリティをめぐる議論のイギリスでの動向を取り上げる。

　周知のように、イギリスは伝統的に職業別労働組合が発達し、戦後の福祉国家政策とあいまって、最も安定した社会構造をつくりあげてきたと考えられてきた。しかし、1970年代以降の経済社会の変化とともに、この安定した社会構造は深刻な軋轢を生み、「イギリス病」や「イギリス経済の非効率」の原因であるとも言われてきた。そこでこの軋轢が深刻であり、変化への対

---

[1]　S. Lash and J. Urry, *The End of Organized Capitalism*, Polity Press, 1987.
[2]　A. Toffler, *The Third Wave*, Pan, 1980. 鈴木健次ほか訳『第三の波』日本放送出版協会，1980年。

応が切実であるだけ，それをめぐる議論もまた活発に展開されている。したがって，産業・企業・労働の構造変化をフレキシビリティという概念で論じる場合にも，そこでは労資関係を含む新しい社会関係への展望が模索されていることは明らかである。

Ⅰ節ではまず労働のフレキシビリティを取り上げる。労働のフレキシビリティは従来の日本での用語で言えば，「労働力の流動化・弾力的活用」であるが，今日の議論の内容は，内部（第一次）労働市場内でのフレキシビリティも含んでいる。

Ⅱ節では，企業のフレキシビリティをより大きな構想のもとで示し，その変化を産業革命以来の画期であると主張するフレキシブル・スペシャリゼーションのモデルが取り上げられる。

労働や企業のフレキシビリティを論じる際に不可避的に問題となるのは，社会全体または企業レベルでの労働保護や教育訓練の問題である。Ⅲ節はⅠ，Ⅱ節をうけて，この問題を取り上げる。

フレキシビリティの議論のなかからでも，またイギリス経済の国際競争力や効率をめぐる議論からも，日本経済の評価や日英比較がおこなわれる。Ⅳ節は現在盛んに議論されているジャパナイゼーションについて検討する。

Ⅰ　フレキシブル企業

1980年代は様々な分野でパラダイム転換が論じられ，「パラダイムの転換」という用語が日常用語となった感さえある。日本においても企業組織や雇用のパラダイム転換が唱えられ，重厚長大型の企業組織を再編して，変化への対応能力の高い「新日本型経営」への転換を提言したのは，大蔵省のプロジェクト研究チームの一つであったし[3]，また，日本のサラリーマンは今後は企業に依存して生活することをやめて，「激動する労働市場」に自ら対応し

---

3) 岩田龍子チーム『日本型経営システムの将来』（ソフトノミックス・シリーズ22）大蔵省印刷局，1984年。なお，拙稿「構造転換と公共性」基礎経済科学研究所編『講座・構造転換』第１巻，青木書店，1987年所収，208ページ以下を参照。

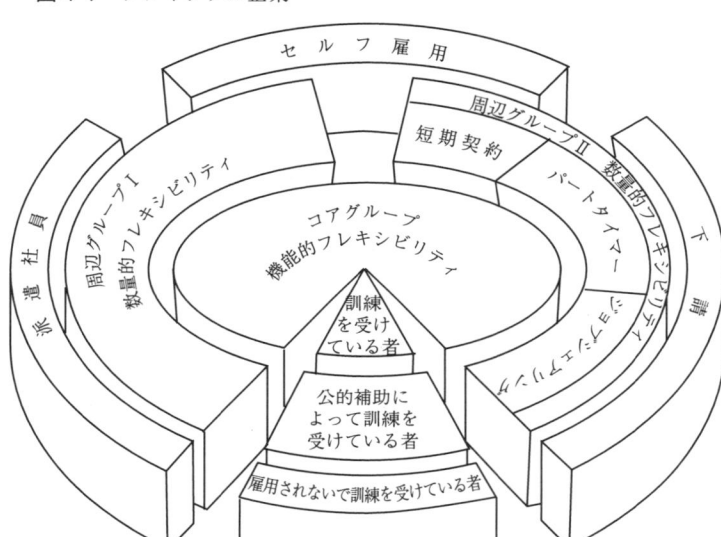

図 4-1　フレキシブル企業

出所：NEDO, 1986.

なければならないと説いたのは，経済企画庁のプロジェクトであった[4]。

　イギリスにおいても，いわゆる二重市場論（これは様々な用語法の総称である。たとえば，External and Internal 労働市場，Primary and Secondary 労働市場など）をめぐる議論があったが，1984年に J. アトキンソンらによってフレキシブル企業のモデル[5]が発表されると，このモデルを用いた調査や提言や議論が急速に高まった。

　ここに引用する図 4-1 は，1986年に発表されたフレキシブル企業のダイヤグラムであって，いわば改訂版である。かなりの変更が加えられているが，本章の関心からいって重要なことは，この図では職業訓練が明確に位置づけ

4）　経済企画庁総合計画局編『21世紀のサラリーマン社会——激動する日本の労働市場』東洋経済新報社，1985年。なお，前掲拙稿，209ページ以下を参照。

5）　J. Atkinson, "Manpower Strategies for Flexible Organizations," *Personnel Management*, August 1984.

られていることである（これについてはⅢ節）。このモデルは，企業には市場の変化に応じて拡張・縮小・転換などを実行できるフレキシビリティがあるが，その大きさは企業の労働者の発揮する2種類のフレキシビリティに依存するという。その一つは，生産の必要に応じていくつかの職務をこなし，またいくつかの熟練を発揮し，かつ労働時間を弾力化できるコア労働者グループの機能的フレキシビリティである。他の一つは，パートタイマーなどのように企業に直接雇用されたり（周辺労働者グループⅡ），派遣社員やセルフ雇用者のように間接的に雇用されたり（周辺労働者グループⅠ）して，労働量の変動を可能にする数量的フレキシビリティである[6]。

このモデルは，その名からも明らかなように，企業の側からみて「第一次労働市場」の安定的で熟練度の高いコア労働者を中心においたミクロの二重労働市場モデルである。J. アトキンソンによれば，このコア労働者の特権的地位の経済社会的基盤は，「組織的に軸となる企業個有の諸活動」[7]を担うことによる。これに対して周辺労働者は，一般労働市場からの募集が容易であり，それだけ競争が激しくまた保護されることも少ないので，「労働需要の水準の短期的変動にさえ容易に増減しうる」[8]。

このフレキシブル企業のモデルに対しては，当然種々の批判が提出されているが，その多くはさしあたり数量的フレキシビリティに関するものである。たとえば，多くのサービス業では主に女性のパートタイマーこそその機能的フレキシビリティの担い手であり，パートタイマーを一括して周辺労働に位置づけ，ただ数量的フレキシビリティに振り分けることはできないという批判[9]。また，基本的な問題として，このモデルが現代のパラダイム転換の向かう方向を示そうとしているのに対して，それはこれまでの二重市場論と比

---

6) NEDO (National Economic Development Office), "Changing Working Patterns," Report prepared by the IMS (J. Atkinson, N. Meager) for the NEDO, 1986.
7) Atkinson, *op. cit.*
8) *Ibid.*
9) S. Cunnison, "Gender, Consent and Exploitation amongst Sheltered−Housing Wardens," in K. Purcell, et al (eds.), *The Changing Experience of Employment*, Macmillan, 1986.

べてどこが新しいのか。単にこれまでの労働コストの削減と合理化のための経営側の戦略——性，人種および年齢などによる労働市場の分断——の延長にすぎないのではないかという批判もある[10]。

重要な関心の一つは，イギリスでこのモデルが示すような方向への変化が現実に観察されるかどうかであるが，機能的フレキシビリティの動向を把握することが困難なうえに，実は数量的フレキシビリティの増大についても評価が分かれている。重要な調査のうち1985年に実施されたNEDO（National Economic Development Office）調査『変貌する労働パターン』[11]と，1987年に実施されたACAS（Advisory Conciliation and Arbitration Service）の調査『イギリスにおける労働のフレキシビリティ』[12]とを取り上げてみよう。

NEDO調査は，72企業を対象とするものであるが，アトキンソンらのまとめによると，89％の企業が数量的フレキシビリティを追求し，68％の企業が臨時的な従業員を雇用し，そのうち56％の企業はこの5年間に臨時雇用を増加している。他方，ACASの調査は584の職場を対象としたものであるが，それによると，臨時的労働者と下請の利用の拡大がみられた。回答数の3分の2が臨時的労働者を雇用し，7分の1以上が12ヵ月未満の短期雇用者がいると回答している。また4分の3は，もともと内部で遂行されていた業務を下請に出していると回答した[13]。

このように，二つの調査は，1980年代のイギリス企業が「数量的フレキシビリティ」を明らかに増加させつつあると主張しているが，他方では，少なからぬ論者がこの主張に疑問をなげかけている。たとえば，P. マージソンは，二つの調査からは変化よりもむしろ継続性を示す数字も引き出すことができるし，また企業レベルでみれば，1980年代に雇用政策を変更した企業よりも変更しなかった企業のほうが多いと言えると批判している[14]。

---

10) A. Pollert, "The Flexible Firm: Fixation or Fact ?," *Work, Employment & Society*, September 1988.
11) NEDO, *op. cit.*
12) ACAS, "Labour Flexibility in Britain," ACAS Occasional Paper 41, 1988.
13) *Ibid.*, p. 35.

しかし，もともとアトキンソンらのモデルの意義は，イギリス企業が激しい変化に対応する能力（フレキシビリティ）を身につけ，国際的な規模で展開する変化と競争に打ち勝つためには，コア労働者の多能工化と周辺労働者の弾力的活用という二極分化を進めざるをえないということを示す点にあった。そして ACAS もまた，1985年の年報で「注目すべきことは，多くの経営者が労働の使用におけるフレキシビリティの増大を追求していることである」と述べていた[15]。その意味では逆に，イギリス企業のこの方向での変化がなぜ進まないのかという問題の立て方も可能である。1980年代のフレキシビリティをめぐる議論は次節でみるように，世界的な規模での構造変化，競争および効率性にかかわる問題だからである。

II　フレキシブル・スペシャリゼーション

労働のフレキシビリティに対する関心が急速に高まっている背景には，もちろん社会全体の雇用構造の変化を生みだす産業構造の変化が横たわっているが（たとえばサービス経済化など），イギリスにおける議論はむしろその国際競争力の回復という問題ともからんで，労働の部面だけではなくR&Dや下請関係などを含む経営組織のフレキシビリティにも関心が向けられている。そこで本節では，前節での雇用や労働のフレキシビリティをふまえつつ，議論を一層拡張してフレキシブル・スペシャリゼーション（Flexible Specialization, 以下 FS と略記）をめぐる議論を取り上げることにする。

FS もまた，なかなか定義づけの困難な用語であるが，さしあたり D. モルダースと L. ウィルキンにならって「変化に対応する能力」[16]と呼んでおこう。FS は，ピオリとセーブルが現代の産業構造の変化をマクロ的に示すた

---

14) P. Margison, "Employment Flexibility in Large Companies," *Industrial Relations Journal*, Summer 1989.
15) ACAS, *Annual Report 1985*.
16) D. Meulders and L. Wilkin, "Labour Market Flexibility," *Labour and Society*, January 1987.

めに使用した用語である。彼らは言う。「現代の経済的パフォーマンスの停滞は，大量生産に基礎をおく産業発展のモデルの限界からもたらされたものである」[17]。彼らは現代の経済危機を歴史的な構造変化――19世紀のマニュファクチャーから機械制大工業への移行と匹敵する「第二の分岐点」――と把握し，それを大量生産（一般にフォーディズムと呼ばれている）から市場の変化や多様化に柔軟に適応しうるフレキシブルな生産への移行であると説明した。その意味で，FSはもともとフォーディズムに対する批判的概念として生まれてきたわけであるから，その詳細な定義のためには，表4-1に掲げるようなフォーディズムとFSとの対照表が有益であろう[18]。

彼らは，細かに分割された細部労働をおこなう半熟練工と特定品目の生産のための特定用途の大規模な機械とによって標準化された製品を大量に生産するフォーディズムの生産システムは，1970年代後半以降の世界市場の激しい変動に対応できなかったために，深刻な危機に陥ったという。ピオリとセーブルは，もちろんフォーディズムの祖国であり，それによって世界市場を制覇したアメリカを念頭において説明しているのであるが，イギリスの研究者たちの多くは，イギリスもまた典型的なフォーディズムの国であると考えている。このようなフォーディズムの危機に対して，1960年代からME技術と汎用機を用い，高度かつ多面的な熟練工によって，市場の多様なニーズに適応しうる小ロットの生産を開発することのできた諸国または諸地域は，市場の変化への適応能力にすぐれ，いち早くこの危機から脱した。その例としてピオリとセーブルがあげているのは，自動車産業を代表例とする日本，職人の集積を基礎に1970年代後半以降のイタリア経済の牽引車となったといわれる「第三のイタリア」，そして機械工業を中心に高度な熟練工養成システムによって成長を維持してきた西ドイツである。

このFSへの歴史的移行という議論は，様々な分野から大きな反響を呼ん

---

17) M. J. Piore and C. F. Sabel, *The Second Industrial Divide*, Basic Books, 1984, p. 4. 邦訳は，山之内靖ほか訳『第二の産業分水嶺』筑摩書房，1993年。
18) IDS (Institute of Development Studies), *Cyprus Industrial Strategy: Main Report*, 1987, p. 139.

だ。第1は，FS論による熟練の再評価に関連してである。従来，労働研究の分野で最も根本的な問題の一つとして，フォーディズムと科学的管理法にもとづく生産と労働の編成は熟練の解体をもたらし，人々の労働はますます単調かつ不安定なものになるという，いわゆるブレイヴァマンのテーゼ[19]をめぐって検討が重ねられてきた。この論争そのものは非常におおまかな言い方になるが，従来の生産分野での熟練の解体は進むけれども，コンピュータやサービスなどの分野で新たな熟練も形成されるという議論が趨勢として多かった[20]。ということは，いわゆるブレイヴァマンのテーゼのように，全体としての熟練の解体と労働の単調化，不安定化というような悲観的な結論ではないにしても，労働市場のミスマッチや構造変化にともなう摩擦，とくにこれまでの主要生産分野での中堅労働者の没落など激しい軋轢を容認する内容であった。そこで，熟練を再評価し，高度かつ多面的な熟練の集積こそ，現代の変化の激しい世界市場での競争に勝利をおさめる道であると主張するFS論に多くの論者が注目したと考えられる。

したがってFS論に対する反応もまことに多様であるが，いま仮に楽観論と悲観論というおおまかな分類で，その特徴を簡単に整理しておくことにする[21]。

まず，FS楽観論は，FSを生産の新しいパラダイムと考え——したがって現代をパラダイム転換の時代であると考え——FSは大量生産に対する挑戦であり，中小企業が大企業と競争しうる新たな条件を切り開くものだと主張する。そして，労働過程に対する資本の厳格な支配がフォーディズムによっ

---

19) ここで「いわゆる」というのは，ブレイヴァマンの分析は，その著書の表題からも明らかなように，フォーディズムを単に技術的体系としてではなく，独占資本の支配との関連で理解されるべきだと考えるからである。前掲拙稿，211ページ以下を参照。

20) この労働過程論争については，P. Thompson, *The Nature of Work*, Second Edition, Macmillan, 1989. 成瀬龍夫ほか訳『労働と管理』啓文社，1990年を参照。

21) この楽観論・悲観論という整理は，A. J. Phillmore, "Flexible Specialisation, Work Organisation and Skills," *New Technology, Work and Employment*, Autumn 1989 による。

表 4-1 新旧生産システムの比較

	フォーディズム	フレキシブルな生産
1 生産のコンセプト	大量生産 生産過程における固定資本と労働の生産性が主導する経済	FS またはフレキシブル・オートメーション 生産と分配の過程における流動資本が主導する経済
2 技術	単一目的の機械 R&D は機能上分離され非継続的	汎用機 R&D は生産と統合され継続的 デザインの重要性
3 製品	一定の標準化された製品	それぞれの市場に専門化した多様な製品
4 インプット	資源エネルギー集約的	資源エネルギー節約的で，情報集約的
5 労働過程と熟練	細分化され標準化された職務 精神労働と肉体労働の厳密な分離 半熟練労働者	開放型の職務／半自律的グループと非集権的責任制 精神的職務と肉体的職務の密接な統合 下請の半熟練労働と結びついたマルチな熟練のコア労働者
6 賃金システム	職務給 フォーマルな賃金協約	対人給／熟練コア労働者の所得上昇 インフォーマルな賃金決定
7 組織と管理	管理の職階制 中央集権化 多部門に分割された企業	平準な職階制 非集権的に生産をおこなう情報と企画を集中したシステム ネットワーク，下請，フランチャイズ
8 市場と顧客	生産の小売に対する支配，生産者のユーザーに対する支配／一方的関係／大量宣伝	小売の支配／顧客と製造者の双方向の関係／製品宣伝よりも安定
9 在庫供給	よそよそしい 生産に応じた在庫の保有	双方向の関係 ジャスト・イン・タイム
10 競争戦略	フル操業とコスト切り下げによる競争 過剰生産・過剰在庫・値崩れの傾向	イノベーションによる競争 市場の縮小に対して，多様化，イノベーション，下請，レイ・オフで対応

出所：IDS, 1987, p. 139.

て代表される大量生産の特徴であるのに対して，市場の変化に小ロット生産によって柔軟に対応する FS では，熟練労働者の自律性が増大するという。したがって，大企業もまた途上国などとの競争で有利な立場を占めるために，自らの分権化，多様化，高熟練化，要するに FS 化を進めることになる[22]。さらにまた，国際経済や開発論の分野からも，コンピュータを駆使する熟練工の養成などによって，FS 型の中小企業を振興することを経済開発の基本

戦略とすべきであるという議論が展開されている。表4-1に掲げたフォーディズムとFSの対照表は，R. マレーを団長とする調査団（サセックス大学開発研究所IDSを中心とする）が作成した『キプロス産業戦略：主報告』のなかで，FSへのパラダイム転換を図式的に説明するために掲げられていたものである。

つぎにFS悲観論であるが，論者の多くは，いわゆるFSがフォーディズムの生産（簡単にいえば半熟練労働者による大量生産）に対するある種の挑戦であるという点を受け入れたうえで，楽観論者とは反対に，FSがかえって労働者の分断や資本の労働過程に対する支配をフォーディズムよりも強めるのではないかと言う[23]。

また，悲観論は，「第三のイタリア」などで注目を集めるようになった中小企業のイノベーション能力の高さという点でも批判的で，多くの中小企業は大企業の従属的下請であり，その労働条件や仕事の保証は劣悪であると主張している。そこでいわゆる「第三のイタリア」にふれておこう。イタリアは従来，鉄の三角地帯（ミラノ，トリノ，ジェノヴァ）を中心とする北部と近代化からとり残された南部という対比で把握されることが多かったが，「第三のイタリア」は，フィレンツェを中心とするトスカナ州やボローニャを中心とするエミリア・ロマーニャ州の中小企業の集積に注目する。セーブルらのFS論のモデルの一つがこのイタリア中部の中小工業や職人工業にあったことはすでにふれた。

こういう意味でセーブルらの評価の基礎となったS. ブルスコの「エミリアン・モデル」[24] は特に重要なものである。これに対して，その評価は誤り

---

22) Piore and Sabel, *op. cit.* のほか, *Vocational Training Bulletin*, No. 1, 1987 掲載の諸論文，また, A. Sorge and W. Streeck, "Industrial Relations and Technical Change," in R. Hyman and W. Streeck (eds.), *New Technology and Industrial Relations*, Blackwell, 1988.

23) J. Gough, "Industrial Policy and Socialist Strategy," *Capital and Class*, 29, 1986; R. Hyman, "Flexible Specialization: Miracle or Myth?," in Hyman and Streeck (eds.), *op. cit.*; A. Sayer, "New Developments in Manufacturing," *Capital and Class*, 30, 1986.

24) S. Brusco, "The Emilian Model," *Cambridge Journal of Economics*, 6(2), 1982.

だという批判が少なからぬ論者から提起されている。

たとえば，F. マレーは，この地域の機械工業の労働過程はむしろ遅れているのであって，決してポスト・フォーディズムと呼ぶことはできないし，労働組合の組織率は低く，したがって労働者の賃金や労働条件の格差も大きいという。また問題のフレキシビリティという点では，機械工などの熟練工や職人の多くは広い範囲の仕事をフレキシブルに遂行しているが，それは彼らの間での競争が激しいためで，したがってフレキシビリティも「数量的フレキシビリティ」の形をとらざるをえないと批判している[25]。マレーによると，ピオリとセーブルなどによってユートピア的に描かれている「第三のイタリア」の実態は，激しい競争のもとで仕事の受注戦を展開し，そのためにフレキシブルたらざるをえない未組織の中小企業労働者や職人という「正真正銘の資本主義的諸関係の反映」ということになる。

なお，本章では詳しくふれることはできないが，FS（または Neo-Fordism）の展開という視点からの各国比較研究も盛んになってきている。ここにイギリス・西ドイツの比較研究を進めている C. レインの作成したイギリスと西ドイツの対照表を掲げておく（表 4-2）[26]。この表からだけでも，イギリスの企業と労使関係に対する厳しい見方の一端がうかがえるであろう。

さて，以上のように，FS 論を支持するにせよ批判するにせよ，正面から問題にして論じている人々とは別に，大量生産（フォーディズム）はなお現代資本主義生産の最も主要かつ支配的な部分であり，しかもそれは多様な市場のニーズに対応しうる相当のフレキシビリティをそなえているとみて，FS という問題提起自体の意義を疑問視する論者もいる[27]。

ところで，この FS 論の特教の一つは，一方では企業（比較的小規模の）

---

25) F. Murray, "Flexible Specialisation in the 'Third Italy'," *Capital and Class*, 33, 1987.

26) C. Lane, "Industrial Change in Europe: The Pursuit of Flexible Specialisation in Britain and West Germany," *Work, Employment and Society*, June 1988.

27) K. Williams, T. Cutler, J. Williams and C. Haslem, "The End of Mass Produc-tion?," *Economy and Society*, 16(3), 1987; S. Wood, "Between Fordism and Flexibili-ty?," in Hyman and Streeck (eds.), *op. cit.*

表 4-2 FS 化の諸要素の比較

	西ドイツ	イギリス
マネージメント	継続的技術革新に積極的で、新技術の開発導入を進める能力がある。	自信が持てないので技術革新をためらい、多様なものを扱う能力がない。
労働市場	広く適応し再訓練の容易な、あらゆる熟練労働を豊富に供給する。	熟練労働が不足しており、また既存の熟練労働にフレキシビリティがない。
訓練システム	訓練システムはよく整備されており、労使双方が再訓練を歓迎する。	訓練システムには計画がなく未発達で、使用者は長期にわたる教育投資をしたがらない。
雇用関係	労働市場の細分化の程度は低く、雇用保証の程度は高い。	雇用の安定は保証されていないが、コアと周辺で異なる。内部労働市場が細分化している。
労使関係	効率的で競争力のある生産組織に労働者が参加し共同責任を持ちうるようなコーポラティブなシステム。使用者は上から支配することをもはや重視していない。	「相互関係は最小限に」という雇用関係にもとづく敵対的なシステム。生産の流れや製品の質への労働者の責任という認識の余地がない。使用者はなお管理を再確立しようと奮闘している。

出所：Lane, 1988.

のフレキシビリティを強調する点で前節の労働の弾力的活用によるフレキシビリティ企業論と通じるところはあるが、他方では、その担い手として高度かつ多面的な熟練労働を強調する点で、いわゆるブレイヴァマンの熟練の解体論と対照的である。そこで、表 4-2 のレインのイギリスと西ドイツの対照表からも明らかなように、高度な熟練を形成する教育訓練のシステムが重要な意義をもってくるが、この問題は節をあらためて取り上げることにする。

Ⅲ FS 化と教育訓練

理論的に考えてみると、フレキシビリティが多様な労働力の弾力的活用という問題を含まざるをえないとすれば、資本主義的企業を単位として前提するかぎり、低賃金労働力の濫用によって限りないコスト切り下げ競争に打ち勝つこともまた、いわゆるフレキシビリティのうちに重要な地位を占めることになる。

すでに紹介もあるが[28]、労働のフレキシビリティは当初から労資の激し

い論戦を呼び起こした。イギリス産業連盟 CBI (Confederation of British Industry) は，1985年2月に『変化する労働組織』を発表し，今後イギリスの企業が存続していくためには，市場とニーズの変化に迅速・的確に対応しうる組織上の再編成が必要であり，そのために，企業の減量経営と分権化，労働の多能工化と弾力的雇用（労働市場の二重化），それに見あった教育訓練，社会保障，課税などのシステムの改編とデレギュレーションを提言した[29]。これに対して，イギリス労働組合評議会 TUC (Trade Union Congress) は同月『ニュー・ジョブ：経済調整と労働市場』を発表して，これに反論している。この反論のなかで注目すべきことは，第1に，変化への対応のフレキシビリティや創造的な対処の能力は，労働者の参加による以外には生まれてこないことを強調し，第2に，「労働市場の二重化」は，結局のところ周辺労働者の仕事への関心や倫理的態度の衰退をもたらし，またコア労働者の長時間労働・低生産性・低賃金という結果をまねくと批判していることである[30]。つまり「大規模に低スキルの第二次労働市場をつくることは，低賃金，低テクノロジー，低生産性の経済をつくりだす」[31] というわけである。

以上の簡単な整理からもうかがえるように，イギリス経済の活性化のために，労働市場の二重化とフレキシビリティの拡大を提唱する CBI に対して，TUC は，それは長期的にみればイギリス経済全体の活力をかえって涸渇させてしまうというのである。そこではフレキシビリティ化と人々の労働能力の高度化や労働意欲の高揚とはどのようにしたら両立するかという問題が一つの中心的な論点となっている。

前にもふれたように，アトキンソンらのフレキシビリティ企業のモデルは，現代の経済危機のもとで「不確実性」のもとにある労働と雇用が変化する方

---

28) 林堅太郎「産業再編成と労働力流動化」『立命館産業社会論集』第22巻第2号，1987年9月。
29) NEDC (National Economic Development Council), The Changing Organization of Work, Memorandum by the Confederation of British Industry, 22 February, 1985.
30) NEDC, New Jobs: Economic Adjustment and Labour Market, 26 February, 1985.
31) 林，前掲論文，52ページ。

向を示したものであって，こういう変化に対応しうる労働保護政策や教育訓練システムの整備，また労働組合の組織的・政策的な対応を考える枠組みを与えようとするねらいももっていた。アトキンソン自身も1986年の論文で，コア労働者の組織化にあたっては，①終身雇用的な雇用保証，②教育訓練の拡大，③労働における自律性の保証などの目標が重要であり，また，周辺労働者の組織化にあたっては，①周辺的雇用を必要最小限度に抑制すること，②労働条件の平等，③コアと周辺との移動可能性を拡大することなどを考慮すべきであると述べていた。そして，経営戦略が組合運動を企業レベルで分断する危険が大きいことにふれつつ，より広い意味での雇用保証，教育訓練投資の増大，すべての労働者の平等な処遇などの要求の重要性を強調している[32]。

このように，フレキシビリティ化が進むことに対応して，いたずらに「自由化」（デレギュレーション）に向かうのではなく，むしろ労働保護の水準を高めるべきだという議論は少なくない。その際に，TUCの主張するように，それがなければフレキシビリティ化は，結局，低賃金・低テクノロジー・低生産性の経済をつくりだす危険が大であることが指摘されている[33]。II節で参照したフィルモアは，彼の分類したFS楽観論について，その論者の多くはFSの否定的な可能性を認めており，その意味で「慎重な楽観論者」であると言っている[34]。そしてまた，西ドイツやスウェーデンなどの経済が労働保護や社会保障を拡充し，高い水準の教育訓練投資をおこないつつ，「変化への大きな適応能力」を発揮していることが，しばしば例証として引きあいに出されている。労働市場調査の専門家であるC.ハーキンは，EC諸国との比較研究のなかで，イギリスでは正規フルタイム雇用の比率が1981年の70％から1987年の64％となり，それ以外のいわゆる不安定雇用が顕著に増

---

32) J. Atkinson and D. Gregory, "A Flexible Future: Britain's Dual Labour Force," *Marxism Today*, April 1986.
33) Piore and Sabel, *op. cit.*; R. Murray, "Benetton Britain: The New Economic Order," *Maxism Today*, November 1985; Sorge and Streeck, *op. cit.*
34) Phillmore, *op. cit.*, p. 82.

大した原因を，イギリスが大陸型の一般的労働保護立法を欠いていることに求めている[35]。

さらに問題を進めるならば，このようなフレキシビリティ化する社会の労働はどのような性格をもつようになるのか，つまり，熟練の解体が進み単調労働が支配的になるのか，それとも労働の高度化が一般的に進むのか，また結局労働の二極分化が起こるのかという問題につながっているわけである。そしてこれは，いわゆる労働過程（ブレイヴァマン）論争の主要テーマであった。コア労働者を前面に出したフレキシブル企業モデルも，マルチな熟練の意義を強調するFS論も，労働過程論争との関連で位置づけるならば，経営戦略としてはフォーディズム的な固定的分業（半熟練労働）もありうることを認めつつ，これでは変化への適応能力に欠け，世界市場競争に打ち勝つことはできない。長期的にみれば，労働者の熟練を高度化し多能工化を進め，また組織と意志決定の分権化を進めることが効率や適応能力の高さの保証であると主張しているのである。

つぎに，ME化が進むとかえって熟練の必要が増大するということを一貫して主張し，またイギリスにおける教育訓練投資の拡大を提唱している論者としてP. センカーを取り上げよう。センカーは，ブレイヴァマンがメインテナンス部門でもオペレーターの労働でも，オートメーション化によって熟練の解体が進むと考えた際に利用したデータを現代のデータと対照させている。たとえば，メインテナンスについてブレイヴァマンは，J. ブライトの研究によって，オートメーション化がメインテナンス要員を削減し，自動診断装置が熟練を不要にすると主張したのであった[36]。これに対してセンカーは，1971年のリーとランカスターの研究以降，この分野でのケース・スタディは，むしろ高度な知識と熟練を備えたメインテナンス要員が必要なことを

---

35) Lash and Urry, *op. cit.*; Lane, *op. cit.*; C. Hakim, "Workforce Restructuring in Europe in the 1980s," *International Journal of Comparative Labour Law and Industrial Relations*, Winter 1989.

36) H. Braverman, *Labour and Monopoly Capital*, Monthly Review Press, 1974. 富沢賢治訳『労働と独占資本』岩波書店，1978年，236-244ページ。

示していると言う。リーとランカスターは「メインテナンス労働者は，受け持ちのシステム全体を理解するうえで必要な技術的知識をもっていなければならない」[37]と述べ，またJ. フレックも1984年に「ロボット化が提起した最大の難問は，伝統的な技能の境界を超えて，電気，電子，機械，流体力学それにプログラミングの熟練を結合しなければならないということであった」と述べている[38]。また，CNC (Computer Numerical Control) のオペレーターについても，ブレイヴァマンが考えていたように，資本の労働に対するコントロールという観点から，オペレーターがプログラムを補修・編集することを禁じるマネージャーもいるが，D. ノーブルによると，結局それは「低品質と必要以上に長時間にわたるダウン・タイム」という結果をまねくという[39]。

つまりセンカーは，ブレイヴァマンが分析したように，新技術の導入にともなって人員削減や熟練度の低下が起こる可能性が大きいことも否定できないが，他方で，諸種の調査研究から言えることは，「もし企業がオートメーション化した工場を効率よく運転しようとすれば，従業員が彼らの知識を保持し拡大するように奨励しなければならない」というのである[40]。

後者の教育訓練の重要性という点についてセンカーは，イギリスの経営者の多くは教育訓練が最も重要な問題の一つであるとは考えておらず，それを将来を見越した投資ではなく一種のオーバーヘッド・コストと考え，利潤が低下すれば削減すべきであると考えていると批判している[41]。そして積極的な方向として，長期の安定した雇用関係を前提として，企業が必要とする

---

37) J. W. Lee and J. W. Lancaster, "The Maintenance Training Gap," *Training and Development Journal*, November 1971.
38) P. Senker and M. Beesley, "The Need for Skills in the Factory of the Future," *New Technology, Work and Employment*, Spring 1986, p. 12より引用。
39) D. F. Noble, "Social Choice in Machine Design," in A. Zimbalist (ed.), *Case Studies in the Labour Process*, Monthly Review Press, 1979.
40) Senker and Beesley, *op. cit.*, p. 16.
41) P. Senker, "Technical Change, Work Organisation and Training," *New Technology, Work and Employmont*, Spring 1989, p. 50.

技能を従業員が身につけるよう訓練するオン・ザ・ジョブ・トレーニング (OJT) の拡大を提唱している。急激な技術変化という環境下では，個々の企業が個有の熟練を必要とすると考えられているからである。また，熟練がますます「企業個有」の性格を強め，イギリスの伝統にはみられない「特定の会社に対するロイヤルティが増大する」としても，それはむしろ望ましいことだと考えている。民主主義的環境のもとでは，企業間の労働移動が減少すれば，従業員はより切実に企業の統制に取り組むにちがいないからだという[42]。

最後に，FS論を途上国の開発戦略として展開しているR.カプリンスキーは，これまでのように相対的過剰人口に基盤を置いた労働集約的輸出志向型の工業化の時代からの転換ということを，労働を生産コストとしてみる見方からそれを最も基本的な生産資源としてみる見方への転換として強調しつつ，フォーディズムに対応した細分化された固定的分業に耐え，しかも賃金コストを最小限に抑えるための「互換性のきく労働力」の養成に力点をおいた教育からの脱脚を提唱している[43]。

Ⅳ　ジャパナイゼーション

すでに明らかなように，フレキシビリティをめぐる議論が，あるいは明示的にあるいは暗黙のうちに念頭においているのは，日本の企業社会の高い成長力と適応能力である。Ⅰ節で取り扱ったアトキンソンらのフレキシブル企業のモデルの原型が，終身雇用の枠内にいる多能工的な本工（コア労働者）と下請，パートタイマーなどの周辺労働力とを弾力的に活用する日本の大企業体制にあることは明らかであろう。また同様にⅡ節で取り扱ったピオリとセーブルのFS論では，日本の企業社会は，フォーディズムとは対象的にフレキシブル・スペシャリゼーション化した一典型として，西ドイツや「第三

---

[42] *Ibid.*, p. 51.
[43] R. Kaplinsky, "Industrial Restructuring: Some Questions for Education and Training," *IDS Bulletin*, January 1989.

のイタリア」とともに描かれていた。彼らによれば，日本の戦後の工業化はもともとアメリカ型のフォーディズム的生産方法を導入したが，市場の狭隘さや競争の激しさから，フレキシブル・スペシャリゼーションのための組織・技術・労働力の編成を開発したという。自動車産業に注目して FS 論を研究している R. カプリンスキーもまた，フォード主義的大量生産に適合しない日本の自動車市場の狭さがフレキシブルな小ロット生産を必要としたこと，そして在庫コストの削減に一貫して力をそそいだトヨタのジャスト・イン・タイム方式を，日本の自動車産業の効率性の高さの基礎だと考えている[44]。

イギリスでは1980年代後半，おそろしいほど頻繁にジャパナイゼーションという用語が飛びかっているが，その発端は英国フォードが1980年代に展開した"アフター・ジャパン"というスローガンのもとでの大合理化運動にあるのではないかと思われる。ジャパナイゼーションという言葉を論文で使用したのは，P. ターンブルのルーカス電機の研究（1986年）であったと言われている[45]。この企業は，自動車の部品メーカーであるが，イギリスの自動車産業の衰退にともなう業績の不振から脱するために，いわば FS 化を進め，作業グループ，ジャスト・イン・タイムなどの経営組織の諸方法を導入した。

ターンブルの論文は，この事例についての研究であるが，これらの諸方法を総称してジャパナイゼーションと呼び，それをイギリスの企業に導入することは可能かどうか，問題は何かを問うたわけである。その2年後に書かれた彼の論文は「ジャパナイゼーションの限界」と題されている[46]。ターンブルは1986年の分析，つまり一定の範囲でジャパナイゼーションを進め，それによって生産性の上昇をもたらすことが可能であることを確認しつつ，そ

---

44) R. Kaplinsky, "Restructuring the Capitalist Labour Process: Some Lessons from the Car Industry," *Cambridge Journal of Economics*, 12, 1988, p. 455.

45) N. Oliver and B. Wilkinson, *The Japanization of British Industry*, Blackwell, 1988. ターンブルの論文は，"The 'Japanization' of Production and Industrial Relations at Lucas Electrical," *Industrial Relations Journal*, Autumn 1986.

46) P. J. Turnbull, "The Limits to 'Japanisation-Just-in-Time,' Labour Relations and the UK Automotive Industry," *New Technology, Work and Employment*, Spring 1988.

の限界について論じている。たとえばこうである。ふつうヨーロッパの製造業では一定の"ゆとり"をもって85％操業を予定しているが、日本企業は設備を100％活用するということを前提に運営されている。これは日本の自動車産業などにみられる異常に長い恒常的な残業の原因である[47]。そしてこういうことは労資関係や生活様式などあらゆる部面でジャパナイゼーションを進めなければ実現できない。ここでターンブルが見ているのは、まさに労働様式とそれに規定される生活様式や文化様式との関連の問題だということができる。

　さて、ジャパナイゼーションを考える場合には、その企業内部（いわば内部労働市場レベル）での労働編成やマネージメントの問題のほかに、下請の利用に代表される企業外部との関係のジャパナイゼーションが重要であるが、これについてはM.トレヴァーとI.クリスティの研究がある[48]。彼らはジェトロの資料と彼ら自身の調査とにもとづいて、イギリスに進出した日本企業の現地部品供給メーカーに対する不満が大きいこと、イギリスのメーカーは日本企業の要求する部品の品質、供給のタイミング、技術上その他の密接な連係などに応じることができないでいることを明らかにした。そして、これまで華々しい日本の大企業に目を奪われて中小企業の果たしている決定的な役割を無視してきたのではないかと警告を発している。日本の下請関係の調査をもとに彼らが注目していることの一つは、下請に対して親企業がおこなう製品検査の意義、たえざるコスト切り下げ要求、従業員の訓練における品質の自覚の強調、親企業と下請との間での人的交流などである。

　彼らはイギリス企業のジャパナイゼーションについて、ターンブルが提起したような「限界」について特に述べてはいないが、もしイギリスの部品供給メーカーが日本企業の要求に応じることができないならば、日本の部品メーカーのイギリス進出かさもなければ進出先リストからイギリスが脱落して西ドイツなどに移るであろうと予測している。

---

[47] *Ibid.*, p. 15.
[48] M. Trevor and I. Christie, *Manufacturers and Suppliers in Britain and Japan: Competitiveness and the Growth of Small Firms*, Policy Studies Institute, 1989.

ジャパナイゼーションをもっと広い視点から論じようとした著書に，1988年に出版されたオリヴァーとウィルキンソンの『イギリス産業のジャパナイゼーション』がある[49]。彼らは結局，企業の組織および経営戦略としてのジャパナイゼーションだけでなく，企業を取り巻く環境——下請制度，企業内労働組合，行政施策の動員など——全体のジャパナイゼーションを問題として取り上げている。彼らはジャパナイゼーションの擁護論と批判論とを中立の立場から整理する形で論稿を進めているが，そのなかで，擁護論は日本企業のつくりあげた「文化的同質性」を高く評価し，批判論はまさにその点で酷評すると言っている。そして，彼らは「日本的組織は西欧人が精通している組織とは非常に異なっている」ことを確認しつつ，その（ジャパナイゼーションの）選択は「読者の判断にゆだねる」[50]という言葉でその著書を閉じている[51]。

　もちろん，日本経済の"奇跡"が，その擁護論のいうような「人間本位の日本的経営哲学」などによるものでは決してなく，「文化的従属」——もちろん前出の「文化的同質性」の批判的用語——その他の，イギリス社会が受け入れることのできない種々の社会的諸要因なしには考えられないという批判も少なくない。たとえば，P. ブリッグスは，二重構造や企業福利（とくに住宅）の格差，勤続年数による昇給や査定にもとづくボーナスなどによって日本の労働者は企業につなぎ止められていること，教育ママ現象や日本的集団主義などの例をあげて示し，また，長時間労働（残業），過密労働とストレスに起因する疾病の異常な多さ，仕事が原因の自殺の頻発などにもふれている。そしてこういう非人間的な企業主義（「精神主義」と呼んでいる）が，日本企業の競争力の不可欠な要素であり，イギリスの社会はこういうものを受け入れることはできないと言う[52]。

---

49) Oliver and Wilkinson, *op. cit.*
50) *Ibid.*, p. 174.
51) この二つの著書（トレヴァー／クリスティおよびオリヴァー／ウィルキンソン）については，K. マコーミックの教示による。K. McCormick, "Attitudes to Work," *The Times Higher Education Supplement,* 23 June, 1989.

この点は実は，はじめに参照したターンブルの論文が，表現こそ違うが，すでにふれていたことである。ターンブルは言う。「モジュール生産が成功するかどうかは，生産過程の社会的組織が，労働者が企業の経済目標達成に"是非とも"貢献し，その成功を自らの成功として一体感をもつ，そういう感情を起こさせることができるかどうかにかかっている」[53]。そして，ジャパナイゼーションに批判的な諸見解は，この「是が非でも企業と一体感をもつ」社会の構造として，日本の社会の非人間的，非文化的諸様相をみているわけである。

そこでイギリスでは，前にも述べたように，ジャパナイゼーションをめぐる議論と並んで，労働保護政策と労働時間短縮を進めつつ生産性の高い経済を実現している西ドイツの例や，発達した福祉国家政策のもとで効率性の高い経済を実現しているスウェーデンなどとの比較研究にも強い関心が寄せられている。現代のイギリスにおけるフレキシビリティやジャパナイゼーションをめぐる議論の背後には，いずれにしても，経済の効率の低さと国際競争力の低下に苦しむイギリスの経済社会の深刻な現実があるからである。

むすび

私の現在の関心は，1974年にブレイヴァマンによって書かれた『労働と独占資本』がきっかけとなって展開された，いわゆる労働過程論（争）の調査研究にある。もともとブレイヴァマンの現代労働過程分析が，フォーディズム批判であり，また生活様式論を包含するものであったという意味で，本章は私の労働過程論研究の副産物である。これまでイギリスにおけるフレキシビリティをめぐる議論をサーベイし，コメントはできるだけ控えてきたので，最後に労働過程と生活様式について，簡単に述べておきたい。

かつて大河内一男は，相対的な高賃金と個人主義的消費手段（プラス消費

---

52) P. Briggs, "The Japanese at Work: Illusions of the Ideal," *Industrial Relations Journal*, Spring 1988.
53) Turnbull (1986), *op. cit.*, p. 203.

者ローン）のもとで激しい生存競争を展開し，つねに生活不安をかかえているアメリカの生活様式と，賃金水準は高くないが伝統的共同的消費手段と福祉国家政策のもとで安定した生活を享受するイギリスの生活様式とを対比して描いたことがある[54]。しかし，成瀬龍夫が強調するように，現代の基本的生活様式はフォーディズムの労働過程に基礎をおいて形成される，いわゆるアメリカ的生活様式である[55]。

しかしなお，先進資本主義諸国で，歴史的文化的に，また社会的政治的に形成されてきたアメリカ的生活様式の亜種とでも呼ぶべき諸バリエーションが観察される。そこで特に重要だと考えられるのは，労働保護や社会保障政策の水準，労働時間と生活時間の区分[56]，教育制度，共同消費手段の整備と公務労働の配置などが，生活様式，さらにまた労働に対する資本の支配に与える反作用である。

この点で，ファシズムのもとでフォーディズムのイタリアへの導入について研究したグラムシが，「アメリカの商標のつかない生活体系」の創造をイタリア労働者階級の重要な課題として提起したことが想起される[57]。こういう文脈のなかでは，「生活小国日本」[58]の社会的諸関係が，最も「魅力的でない」[59]アメリカ的生活様式の一亜種であることは明らかである。上記のような視角から各国比較研究を進め，また諸研究の成果に学ぶことは，重要な課題となっている。

私たちはかつて，日本資本主義分析の基本的視角として「世界の資本主義的合理化運動の震源地としての日本」という規定を与えたことがある[60]。

---

54) 大河内一男『経済学入門』（経済学全集第1巻）筑摩書房，1976年。
55) 成瀬龍夫『生活様式の経済理論』御茶の水書房，1988年。
56) この点で日本の労働保護政策の後進性については，拙稿「戦後日本の労働基準行政」基礎経済科学研究所編『労働時間の経済学』青木書店，1987年を参照。
57) 山崎功監修『グラムシ選集』第3巻，合同出版，1962年，63ページ。なお，前掲拙稿「構造転換と公共性」217ページ以下も参照。
58) 基礎経済科学研究所編『ゆとり社会の創造――新資本論入門12講』昭和堂，1989年を参照。
59) Kaplinsky (1988), *op. cit.*, p. 468.

日本経済の国際化（経済大国化）が進む今日，この視角の重要性は肌で感じることができるようになった。そのことは本章のイギリスにおける議論の簡単なサーベイからもうかがえるであろう。それだけにまた，日本の経済社会の批判的科学的分析の国際的責務も大きいと言えるであろう。

　最後に，私としては，ここで取り扱かったフレキシビリティをめぐる議論について，独占または金融寡頭制の支配という視角からの批判的な分析が必要だと考えている。フレキシブルなもの（自由競争）と抑圧的なもの（独占）とのうえに国際的な性格を強め，ますます個々の生産や営業から「自由」な金融寡頭制の支配を見失ってはならないと思うからである[61]。

---

60) 島恭彦監修『講座・現代経済学』第6巻，青木書店，1980年。
61) なお，これについては，さしあたり前掲拙稿「構造転換と公共性」および拙稿「資本主義の寄生性と腐朽」島恭彦監修『講座・現代経済学』第4巻，青木書店，1979年所収を参照。

第5章　ポスト・フォーディズム論と地域

はじめに

　1980年代後半，多くの先進工業国と輸出志向型の途上国開発政策の行き詰まりのなかで，従来の経済成長を主導してきた大量生産体制の時代の終焉，新しい多品種少量生産とそれに見あうフレキシブルな生産システムの時代への移行を論じる見解が，多様なかたちで現れてきた。本章は，これらをポスト・フォーディズム論として整理し，地域の産業変動との関係で検討しようとするものである。このような議論にあたっては，しばしばマイクロエレクトロニクス（ME）を中心とする新技術が重要な位置を占めるが，さしあたり，地域の小企業の集積とその社会的制度的な諸条件とに焦点を絞り，いくつかの事例から導きだせる若干の論点を示そうとするものである。

I　ポスト・フォーディズム論の諸類型

　R. カプリンスキーは，1960年代末以降の，一方におけるヨーロッパと北米での生産性と経済成長の停滞，他方における日本とアジア NIES での持続的で高い経済成長率という状況のもとで，広範なエコノミストや産業プランナーの間に，世界経済が転換期を迎えているという認識が広がっていると述べて，この転換を経済学的に説明しようとする様々な試みを，つぎの四つの潮流に整理している[1]。第1は，フランスのレギュラシオン学派のうち，アグリエッタ[2]やリピエッツ[3]の見解である。彼らは，持続的な蓄積のためには，消費，貯蓄および投資のバランスを生みだす蓄積体制とそれを保証す

1） R. Kaplinsky, "Industrial Restructuring in the Global Economy," *IDS Bulletin*, 20(4), 1989.

る制度や社会的行動パターン＝レギュラシオン様式とが必要であると主張し，1970年代の危機は，1930年代以降のテイラー主義的労働編成を発展させてきたこれまでのレギュラシオン様式（＝フォーディズム）が効果を発揮できなくなったことにあるという。

　第2は，フリーマンら[4]のネオ・シュムペーター派（long-wave cycles）構造主義者の見解である。彼らは，産業史上，戦略的に中核となる技術によって一連のイノベーションが導かれる50年周期の長期波動が検出されるという点から出発する。これまでの中核技術は，織機，鉄鋼，鉄道，内燃機関であったが，近年中核技術とみなされるのは，ME技術である。この技術は，コンピュータや兵器や消費財に応用されるだけでなく，機械の制御機構として応用され，労働の効率・製品の改良（リード・タイムの短縮）・投入の最適化を可能にする。ME技術は，このような競争上の優位性をもたらすとはいえ，この技術に適応しうる新しい生産技術や諸制度の有無によって，その普及は不均等に進行するというのである。

　第3は，製品の標準化・単能機・テイラー主義的分業に基礎をおく大量生産パラダイムの活力の枯渇に注目し，フレキシブル・スペシャリゼーションと呼ぶべき生産の新しいパラダイムへの転換という仮説を提出したピオリとセーブル[5]の見解である。彼らは，1960年代の職場闘争の激化や1970年代の石油価格の高騰などの内外の諸要因によって困難に直面した大量生産パラダイムに対して，フレキシブルな汎用機と労働編成の新しい形態によって多品種少量生産をおこなう生産の新しいパラダイムへの転換が進行しているという。

　最後に，カプリンスキーら[6]自身の，機械制生産から統合されたシステ

---

2) M. Aglietta, "The Theory of Capitalist Regulation," *New Left Review*, 1979.
3) A. Lipietz, *Mirages and Miracles*, 1987. 若森章孝・井上泰夫訳『奇跡と幻影』新評論，1987年。
4) C. Freeman, J. Clark and L. Soete, *Unemployment and Technical Innovation: A Study of Long Waves and Economic Development*, 1982.
5) M. J. Piore and C. F. Sabel, *The Second Industrial Divide*, 1984. 山之内靖ほか訳『第二の産業分水嶺』筑摩書房，1993年。

ム生産(システモファクチャー)への移行という見解である。システモファクチャーというのは,ポスト・フォーディズムの生産における最も重要な特徴が,個々の機械,工場,企業ではなく,それらを統合したシステムにあるという意味である。それは,CIM (Computer Integrated Manufacturing) が,それまでは分離していた個々の製造過程を統合したように,オートメーション技術そのものの特徴である。工場間では密接で調和のとれた生産と製品開発の関係が形成され,労働や工場の相互関係はTPC (Total Productivity Control) と呼ぶべき管理のもとで統合される。いずれの場合でも,体系的な連関への移行のためには,組織や態度が変化することが重要であるから,新しいフレキシブルなオートメーション技術を導入するうえで,社会関係の形成が不可欠である。

カプリンスキーは,以上の四つの見解の複雑さやニュアンスの違いのために,分析上の共通性やいわゆるフォーディズムからポスト・フォーディズムへの移行を促進するための政策論の近似性が見失われがちであるが,開発論を研究するうえで,特につぎの二つの共通点が注目されると言う。

これらのポスト・フォーディズム論の共通点の一つは,フォーディズムの競争の基本的枠組みはコスト引き下げ競争であり,これは標準化された製品によって,またコストを最小にする立地によって達成される。労働コストは,多くの部門においてコストの重要な要素であったから,その意味でLDCs (低開発国)に有利に作用し,輸出志向型工業化を促進した。しかし,ポスト・フォーディズムのもとでの競争力は,製品の品質とイノベーションにあり,また生産の立地も消費者に密着した最終市場に近くなるという点である。

もう一つの共通点は,競争における労働の役割についてである。フォーディズムのもとでは,労働は最小に削減すべきコストとみなされてきたが,イノベーションが競争の最も重要な要因となるポスト・フォーディズムのもとでは,労働は最重要の資源とみなされる。つまり,フォーディズムのもとで

---

6) K. Hoffman and R. Kaplinsky, *Driving Force: The Global Restructuring of Technology, Labor and Investment in the Automobile and Components Industries*, 1989.

は，労働の管理への従属が最も効率的であったが，ポスト・フォーディズムは，職場における管理と労働との協力関係を必要とするということである。

これによれば，ポスト・フォーディズムを論じている諸見解は，いずれも多かれ少なかれ，新しいパラダイムのもとでの地域の編成・再編成について論じており，またフォーディズムのもとでの「互換性」に支配されていた労働の主体性の復権を論じていると言えよう。これらのなかで，あまりこのような論点と縁がないように見えるネオ・シュムペーター派の研究のなかにも，C. ペレッツのように技術と長期波動から構成されていたコンドラチェフ循環のモデルに，「社会・制度的な関連」を位置づけようとする試みも現れた[7]。彼女によれば，個々の波は「技術・経済的なパラダイム」の表現であるが，それぞれ支配的な技術を最も効果的に活用しうる制度上の展開やインフラストラクチャーの発達をともなっているのであって，長期波動のリセッションは，このような「社会・制度的」な側面と「技術・経済的」な側面のミスマッチによって発生する。そして，新たな中核技術は，いつでもそれに適合する「社会・制度的」フレームワークをつくりだすとはかぎらないし，また，その普及は過去の社会構造によって抑制される。ペレッツのこのような理論的展開は，技術決定論的な性格の濃いネオ・シュムペーター派の理論をレギュラシオン学派のフォーディズム論やピオリとセーブルのフレキシブル・スペシャリゼーション論と接合しようとする試みであると考えられる。

以下では，カプリンスキーらのように，どちらかと言えば，ポスト・フォーディズムのパラダイムを楽観的に「進歩的」なものとみなす立場とは逆に，それが，資本の支配の再編成であると見る立場からの分析を含めて，ポスト・フォーディズム論の地域研究のいくつかを取り上げる。その際重視した論点は，ポスト・フォーディズムのパラダイムが，地域の自立や内発的発展を可能にする新たな技術や生産の諸条件を生みだしたとしても，それを実現するためには，より広範な社会的制度的な支援システムが必要ではないかと

---

7) C. Perez, "Microelectronics, Long Waves and Structual Change: New Perspectives for Developing Countries," *World Development*, Vol. 13, No. 3, 1985.

いうことである。

Ⅱ　イギリス・アメリカ型の地域再編

　以上のように，1970年代の危機を歴史的転換期と捉え，フォーディズムのパラダイムからポスト・フォーディズムのパラダイムへのパラダイム転換として理論化しようとする諸見解は，ME技術にもとづくフレキシブルな新技術とそれを活用しうる社会的制度的諸条件とを組み合わせて理論化しようとしているので，多かれ少なかれポスト・フォーディズムへの転換に有利な諸条件のある国や地域とそれを抑制する諸条件をかかえている国や地域を取り上げて対比し，そこから一定のモデルや仮説を提出する様々な研究を展開している。

　さきのカプリンスキーの関心も，従来の（フォーディズムのもとでの）低賃金立地・輸出志向型のLDCs開発戦略に代わりうる，新しい自立的なLDCs開発戦略を探究することにある。彼は，ポスト・フォーディズムへの転換によって，地域の資源を活かした多品種少量生産が可能となるという仮説のうえに，コンピュータを搭載した汎用機を用いてフレキシブルに生産をおこなうとともに，職場間・工場間のネットワークを担いうる人材の養成や中小企業の技術革新，金融的支援，協同化などを推進しうる国家・行政機構の分権化などを中心に据えた開発戦略を提唱しているわけである。

　ところで，ポスト・フォーディズムについて，これを高度な熟練労働・自立・分権化・協同のネットワークなどとして，比較的楽観的に考えるカプリンスキーやフレキシブル・スペシャリゼーション論に対して，これを労働の二極分化や地域的不均等発展の新たな階層化の進行に力点をおいて考察する論者も少なくない。レギュラシオン学派の枠組みのうえで，イギリスの地域分析をおこなったR.マーチンは，フォーディズムとポスト・フォーディズムの蓄積体制と社会的制度的構造を対照する一覧表を作成しているが，その空間経済の項はつぎのようなものである。1940年代後半から1970年代前半の戦後拡張体制のもとでは，収斂，機能的空間分業，失業の地域格差の安定を

図 5-1 イギリスの地域的経済変動（1971～1987年）

製造業雇用の減少　　　　　　　　　　　サービス雇用の増大

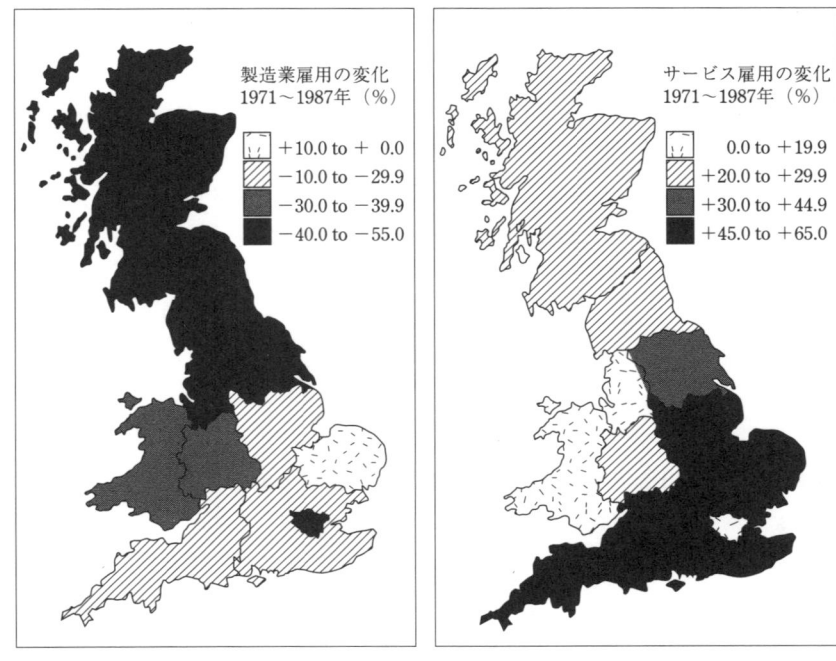

製造業雇用の変化
1971～1987年（%）
+10.0 to + 0.0
-10.0 to -29.9
-30.0 to -39.9
-40.0 to -55.0

サービス雇用の変化
1971～1987年（%）
0.0 to +19.9
+20.0 to +29.9
+30.0 to +44.9
+45.0 to +65.0

出所：Martin, 1988. p. 223.

特徴としていたが，1970年代中期以降のフレキシブルな蓄積体制のもとでは，分散，戦前・戦後の工業地域の衰退，新しいハイテクと生産サービス複合体の勃興，空間分業の二極分化，失業の地域格差の拡大などの特徴があげられるという[8]。

一例をあげれば，1971年から1987年の間にイギリスでは，製造業の雇用の大幅な減少とサービス業の雇用の大幅な増大が見られたが，前者はイギリス北西部で特に激しく，後者は南東部で著しい（図 5-1）。こういう事実を基

---

8) R. Martin, "Industrial Capitalism in Transition: the Contemporary Reorganization of the British Space-economy," in D. Massey and J. Allen (eds.), *Uneven Re-Development: Cities and Regions in Transition*, 1988.

表5-1 南ウェールズの電子工場の職務の熟練構造（1983／1984年）　（単位：％）

	南ウェールズ （電子工場）	バークシャー （電子工場）	バークシャー （全工場）
管理職	3	13	12
専門・技術職	15	42	20
事務職	7	25	26
熟練工	9	8	13
不熟練工	66	12	29

資料：Morgan and Sayer, 1988, p. 148 から作成。

礎に「二つに引き裂かれたイギリス」，すなわち，イギリスの南北問題が重要な論点となっている。また，ME産業の進出によって注目を集めている4号線沿い（M4 corridor）の諸地域のうちハイテク産業による後進地開発の一つとして注目されている南ウェールズの詳細な調査によれば[9]，ロンドン圏に近いバークシャーの電子工業の職務構造が，管理職，専門・技術職55％，不熟練職12％であるのに対して，南ウェールズのそれは，管理職，専門・技術職18％，不熟練職66％である（表5-1）。このような構成上の差は，いわば本工場と分工場との違いであって，ハイテク産業の分工場立地によっては，ハイテクの地域における波及を期待することはできないということであろう。

　1980年代のはじめに，広島におけるサービス経済化を研究した仁連孝昭は，このようなサービス経済化にともなう地方における地域格差について，つぎのような見解を述べていた。①広島都市圏において拡大しているサービス業は，企業関連サービスと情報関連サービスだけで，生活関連サービスやレジャー関連サービスは減少し，公共サービスは停滞している。②広島市に進出している企業や支社の職能の分布を見ると，中枢管理機能を代表する企画・総務・財務部門が少なく，企業関連サービスの需要を生みだしていく発展性に乏しい。③サービス雇用では，製造業衰退の反映としての男性高年労働力のサービス業への滞留，いわゆるリストラの反映としての企業関連サービスへの男性若年労働力の吸収，パートタイム雇用を通じた低賃金女性労働力の

9）　K. Morgan and A. Sayer, *Microcircuits of Capital: Sunrise Industry and Uneven Development*, 1988.

吸収といった諸特徴を抽出し，結論として，テクノポリス開発も含めて，広島に立地する企業が広島でR&Dを展開し広島で技術集積をおこなう必然性は認められない，という見解を示していた。戦後の高度成長期を含めて日本の地域開発は，臨海コンビナート型の開発に典型的に見られたように，技術的にも，関連産業という面からも，良質の雇用という面からも，立地した地域と関連も波及効果ももたない「地域開発」であった。ここで分析されているのは，サービス経済化も，工業集積やいわゆる中枢機能の集積との関連で，それを反映して進行するということであろう。仁連は，いわゆる成長産業の導入に都市の命運を委ねることなく，地方工業都市としての機能に加えて公共サービスを含む生活関連サービスやレジャー関連サービスを充実させて，多様な産業の集積をはかるよう提案していた[10]。

　このような従来の工業地域の衰退と大都市圏でのサービス産業の拡大，ME産業を中心とする工場進出による地域開発によって，英米でも日本でも地域経済の不均等発展の同じようなパターンを示していると考えられる。しかし，アメリカやイギリスの諸研究は，これまでの工業地域における労働組合の強力な交渉力という要因を重視するものが多く，そういう意味で社会的制度的構造を明確に位置づける傾向がつよい。1970年代のアメリカの経済変動を生きいきと分析したブルーストンとハリソンは，ハイテクを活用したフォーディズムのグローバリゼーションの過程で引き起こされた資本移動によって，労働組合の活動と労働者の権利が抑圧され，地方の企業誘致競争が激化して，賃金労働条件は悪化し，すべての地域におけるインフラストラクチャーの遊休と不足という甚大な社会的損失を引き起こしたと述べ，このような熱狂的な資本移動の要因を多角化・多国籍化した企業の中央集権的な管理（「不在地主支配」）と「労働組合からの逃走」と呼んだ[11]。これまでの工業地帯の衰退，大都市圏へのサービス産業の集中，地域の経済的格差の拡大などの動向は，日本でも際だった特徴としてみられるものであるが，いわゆる

---

10) 仁連孝昭「広島市経済の第三次産業化」『第三次広島市政白書』1982年による。
11) B. Bluestone and B. Harrison, *The Deindustrialization of America*, 1982. 中村定訳『アメリカの崩壊』日本コンサルタント・グループ，1984年。

日本的経営システムや企業内労働組合を前提にすれば,「労働組合からの逃走」という点を強調するアメリカやイギリスの地域経済の変化のパターンに,日本を分類することはできない。

III　モンドラゴンと「第三のイタリア」

　このようなアメリカ・イギリス型の地域経済の構造変化のパターンに対して,大企業（とくに多国籍企業）の企業内分業（国際分業）の分工場としての工業立地に依存する地域経済ではなく,自立的で安定的な「内発的発展」のパターンが探究されている。よく知られている一つの事例は,モンドラゴン（スペイン・バスク地方）の労働者協同組合による「協同組合地域社会の建設」の経験である。この経験は,1980年に発表されたレイドロウ報告『西暦2000年における協同組合』のなかで,再三取り上げられて,世界的に注目されてきた[12]。

　モンドラゴン協同組合グループは,鋳造,鍛造,機械,耐久消費財,設備機械,食品,建設などを主とする170の協同組合からなり（工業協同組合86,消費協同組合1,サービス協同組合9,教育協同組合46,住宅協同組合15,農業食料協同組合8,1生産協同組合当たりの平均従業員規模約200名),これらの協同組合を支える諸機構（財務監査や経営指導をおこなう労働人民金庫,国の社会保障に補完的なサービスを付加するラグン・アロ,エレクトロニクス・機械・情報処理・生産管理などの技術開発をおこなうイケルラン,協同組合の共通の職業教育をおこなうイカスビデなど）が有機的に結びついている。そして,家庭電化製品を生産しているファゴール・グループ（12組合,従業員7千人）はスペイン有数の企業であり,イケルランはユーレカ計画など国際的な研究プロジェクトにも参加している。

　モンドラゴン協同組合グループのイケルラン（技術開発研究機構）人事部長ホセ・ラモンの報告によると,EC加盟後の同グループの戦略として,こ

---

12)　日本生活協同組合連合会編『西暦2000年における協同組合』同連合会,1980年。

れまでのようにいろいろな商品をつくるという構造を維持することが困難になることを想定して，技術水準の高い分野に特化していく方向を打ちだし，そのために人材を強化し，グループの相互補完性，相互依存性を十分進展させたいという。教育・訓練・人材養成は，モンドラゴンの発生史であり，最も重要な特徴であるが，あらためて人材強化を強調する理由は，「資本は吸収・合併したりいろいろな投資をすることは簡単ですが，人と人との結びつきでできている協同組合では，そういうことができないから」だという[13]。

　もう一つ注目される事例は，1970年代以降の先進工業国の経済危機のなかで，小企業・職人業の集積を基礎に「第二の奇跡」とも呼ぶべきパフォーマンスを記録したイタリアの例である。1960年代の「イタリア経済の奇跡」を主導したのは，鉄の三角地帯と呼ばれるトリノ，ジェノヴァ，ミラノを中心とするピエモンテ州，リグリア州，ロンバルディア州などの西北部の近代的大工業であった。そして大規模な工業立地政策にもかかわらず，経済停滞の続く南部との対比で「南部問題」や「二つのイタリア」という問題が重要な論点となっていた。1980年代に「発見」され，注目を集めたのは，エミリア・ロマーニャ州，ベネト州，トスカナ州などの産業地域の小企業群であって，これら小企業は特定地域に集中的に立地し，相互に関連を持ち，競争と協同の関係のなかで絶えざる技術革新を進め，全国的・国際的な生産活動を展開している。このような共生的小企業群の立地するイタリア中・北東部を「第三のイタリア」と呼ぶ。セーブルは，そのイノベーションとインプロビゼーション（臨機応変の改良）を高く評価して，それを「工業社会のまったく新しい組織方法」，「市場，技術，工業社会のヒエラルキーの画期的再編成の兆し」と位置づけた[14]。その代表的著作『第二の産業分水嶺』の基本図式はつぎのようなものである[15]。産業の発展は，産業革命という「第一の画期」によって，従来の「クラフト生産原則」（Craft Principles of Production）

---

13) ホセ・ラモン・エロルサ「モンドラゴン協同組合とはなにか」『仕事の発見』No.12，1989年秋号。
14) F. Sabel, *Work and Politics: The Division of Labor in Industry*, 1982.
15) Piore and Sabel, *op. cit.*

第5章 ポスト・フォーディズム論と地域 123

から「大量生産原則」(Mass Production Principles)への歴史的転換を遂げた。しかし，①現在多くの先進工業国は「大量生産原則」にもとづく生産の危機に直面し，「産業発展の第二の画期」に直面している。②「クラフト生産原則」の要素は，洗練された汎用機，多品種で需要変動感応的な生産，熟練工，企業間の競争と協力にもとづく「産業コミュニティ」等々である。③それに対して，産業革命以降の「大量生産原則」の要素は，専用機，少品種大量生産，半熟練工等々である。④現在，多くの先進工業国は二つの戦略のうちいずれを選ぶかの選択を迫られている。つまり，「大量生産原則」を拡大したモデルか，「クラフト生産原則」を再興させ，ヨーマン民主主義を蘇生させる「技術的に洗練され，高度に柔軟な製造業のネットワーク」(＝Flexible Specialization) かという選択である。

　この著作は，こういう観点から，イタリアをはじめ西ドイツ，日本，アメリカなどから「クラフト生産原則」にもとづく産業地域の事例を集めているが，そのなかでも「第三のイタリア」は，最も典型的に「共生的小企業群の高度に柔軟な製造業のネットワーク」を形成していると言うことができる。ところでこのネットワークは，金融，技術開発，職業訓練などの補完的支援システムによって支えられている。大別すれば，モンドラゴンにみられたような協同組合によって各種の機関が運営されている場合と，「第三のイタリア」のように自治体が重要な役割を担っている場合があると考えられる。つまり，地域という観点からみると，これらの事例では，「クラフト生産原則」が定着しているだけでなく，中小企業を支える共生的協同組合（財務・会計の支援，原材料の一括購入，専門的技術教育等）や自治体の積極的産業政策（賃金・労働条件の改善，金融的支援，R&Dの支援，Industrial Districtsの造成，見本市の開催等）が，個々の小企業では困難な支援システムをつくりだしていることが注目されるべきである。そういう意味で，ピオリとセーブルのフレキシブル・スペシャリゼーションの理論化は，「クラフト生産」や「産業コミュニティ」に焦点があたりすぎていて，それを支援する社会的制度的諸条件が十分に位置づけられていないのではないかと思われる。

　金融と都市計画という二つの例を取り上げておこう。モンドラゴンでは，

金融は1200名の実務家のほかに125名の専門的アナリストやアドバイザーを擁し，190店舗を展開している労働人民金庫がおこなう。各協同組合は，同金庫に対して定期的な財務報告をおこない，財務監査や経営上のアドバイスを受けている。金庫の協同組合への金融的援助は，このような日常的な関係のうえでおこなわれている。同じことは，たとえばイタリアのモデナ県では，小企業の信用協同組合が銀行との間で，信用保証や金利引き下げの交渉をおこなっており，融資は職人業全国連合（Confederatione Nationale dell'Artigianato：CNA, 小企業・職人業組合の全国組織の一つ）をつうじておこなわれる。通常の銀行融資では，申請者の担保などの金融上の地位が決定的な条件となるが，CNAの審査では，支部の担当者の当該企業の経営に関する報告にもとづき，申請者の信頼性，職業上の熟練や能力などが重視される。ここでも経営的技術的に申請者をよく知っていることが，小企業の技術革新を進めるうえで金融上のネックになる弱い担保力という制約を突破する条件をつくりだしている。

　金融の分野で1990年代にはいって特に注目されている試みの一つは，マイノリティや低所得者が集中的に居住する地域に対する融資差別を是正することを目的に1977年にアメリカで成立した地域再投資法（Community Reinvestment Act：CRA）である[16]。CRAは，繰り返し改正を加えられてきたが，最も重要なものの一つは，連邦金融監督当局が銀行のRCA活動の状況を評価し，その結果を4段階に格付けし，これらの格付けを含む評価結果を公表することとした1989年の改正である。参考として，1995年改正による評価基準の項目を掲げておく（表5-2）[17]。金融機関に地域に対する還元投資を要求

---

[16] このような融資差別を問題にする運動は，新しいものではないが，特に公民権運動の高まりのなかで，主としてマイノリティ，低所得者，女性，高齢者，小規模事業者に対する融資を含む経済的支援の活動が非営利組織である地域活動会社（CDCs）などによって取り組まれた（高田太久吉「地域再投資法と銀行の地域貢献——アメリカの地域活動組織の経験から」『経済』1997年9月号）。

[17] 高月昭年「銀行構造の変化と資金地元公平還元法の拡大」『証券経済研究』1999年7月号より。高月は，CRAの訳語として，法律の内容をより正確に表現するとして「資金地元公平還元法」を用いている。

表 5-2　1995年改正による CRA の評価項目

〈貸出（Lending test）〉
① 住宅ローン，小口事業貸出，小口農業貸出，消費者ローン（いずれも評価対象地域に該当がある場合）の件数，金額
② これらのローンの地理的な分布状況
③ 債務者の分布状況：所得層別住宅ローン，年商1百万ドル以下の小事業者や小農業者に対する貸出，これらの当初実行額，所得層別消費者ローン
④ 地域開発貸出（Community development lending）の状況
⑤ 中低所得者や中低所得地域向け貸出における斬新性や柔軟性

注1：評価対象地域とは，CRA 評価のための選定された銀行の地理的な業務範囲。
注2：「小口事業貸出」とは当初貸出額1百万ドル以下の事業者向け貸出。「小口農業貸出」とは当初貸出額1百万ドル以下の農業貸出。

〈投資（Investment test）〉
① 適格投資の金額
② 適格投資の斬新性や複合性
③ 適格投資のクレジットや地域開発に及ぼす効果
④ 適格投資の民間投資家からの通常の投資によっては得られない程度

注：適格投資とは，CRA 活動としての評価対象となる投資で，合法的な投資，預金，地域開発を主目的とする寄附等。適格投資を通じて，地域のクレジットニーズにどのように対応しているかを評価。

〈サービス（Service test）〉
① 地域の所得層別にみた支店の配置
② 支店配置の関係で，支店の開設や閉鎖の状況，特に中低所得地域における動向
③ ATM などの支店に代替するシステムの利用可能性や効果
④ 地域の所得層別にみた商品やサービスの内容ならびにそれぞれの地域の需要に合致するような商品設計上の工夫の程度

注：リーテールバンキングサービスの提供ならびに地域開発サービスの向上にとって，銀行のシステムは利用しやすくかつ効果的なものであるかを分析することによって，評価対象地域のクレジットニーズにどのように応えているかを評価。

注：評価は原則として銀行の記録を分析し，おこなわれる。
出所：高月昭年「銀行構造の変化と資金地元公平還元法の拡大」66ページ。

するうえでのネックは，地域における資金需要や採算などの情報を金融機関が把握できるかどうかということであるが，アメリカにおける経験は，銀行経営者が地域活動会社（Community Development Corporations：CDCs）などの「活動組織の組織力，調査能力，実際的な開発や経営能力など，組織的力量とリーダーシップ」を信頼して，長期的なパートナーシップを確立すること

ができるかどうかにかかっているという[18]。

　日本の場合を考えてみると，従来の図式は，地方金融機関をコルレスとして，東京に資金を集中する都市銀行が，加工貿易型の地域開発（地域固有の波及効果を期待できない）への投融資をおこなうことであり，地域で発生する預貯金（社会的な余剰資金）を金融機関が媒介して，当該地域の再開発や個性的な地域づくりに投資する仕組みは，十分発達しなかった。したがって日本の研究者がCRAに対して，金融活動に対する公衆の監視を通じた地域経済の管理・誘導の可能性[19]，地域活動組織と銀行資本との関係が金融全般に影響を及ぼす構造的・制度的な関係として発展する可能性[20]というレベルで注目しているのはもっともである。高月はより具体的に，CRA関連貸出は延滞率が低く，中低所得者向け住宅ローンも中低所得者層が銀行に対するロイヤルティが高いので不良債権化率が通常の住宅ローンよりも低いことをBOA（バンク・オブ・アメリカ）などが高く評価していることを紹介し，「CRAの評価が公表されるようになって以降，多くの銀行がCRA活動に力を入れるようになったこと，また，このことが銀行の収益にネガティヴな影響を与えることなく，むしろニッチな市場の開発となった」ことを評価している[21]。

　一方，都市計画や土地利用に関する自治体による介入と誘導の例としてモデナ県に戻ろう。企業数や従業員数の増大にもかかわらず，モデナの住民1人当りの工業地区面積は27.6平方メートルとなり，市民の75％は15分以内の通勤・通学圏内に住んでいる。このような政策的介入はまた，都心部の歴史的景観を工業化による騒音や汚染から守るうえでも重要な意義をもっている[22]。こういう意味で「第三のイタリア」の産業地域形成において，地方

---

18) 高田，前掲論文，82ページ。
19) 志村賢男「産業空洞化問題と日本経済──比較論的視点から」『広島県立大学紀要』第8巻第2号，1997年2月。志村は，州直営の銀行やハウスバンクの財力を背景としたドイツの地域産業政策の展開にもふれて，こういう可能性を高く評価している。
20) 高田，前掲論文，83ページ。
21) 高月，前掲論文。

自治体の果たした役割を軽視することはできない。ブルスコは「イタリアの職人業を『新中産階級』と規定しようと思えばできなくはない。エミリア・ロマーニャ州の就業人口160万人に対して，26万人の職人業主がいる。彼らは資本家でもなく，労働者でもない。しかし，重要なことは，中間層である彼らが決して保守的ではなく，革新を支持していることである」と語ったという[23]。セーブルも「ヨーマン民主主義」の蘇生を強調しているが，この意味でも，「第三のイタリア」は典型的なモデルと言えるであろう。イノベーションとインプロビゼーションの能力の高い共生的小企業群のネットワークによって形成される産業地域では，それらの小企業相互の「競争と協同」の前提に，あるいはまたこのような「競争と協同」によって形成され強化される，職人業主や小企業主の「自立と地域づくりの担い手としての自覚や同意」があると考えられる。

「第三のイタリア」の事例は，生産者協同組合が未発達で，大企業体制のもとで下請協力企業連合（○○共栄会など）として組織化される傾向が根強く，また，自治体の産業政策，都市計画，土地利用上の権限が乏しいうえに，地域外からの企業誘致は盛んであるが，地域の内発的産業振興政策の経験にも乏しい日本では，学ぶべきところが多い。

Ⅳ　下丸子と金沢モデル

中小企業の地域的集積という点で注目すべき日本の事例を二つあげよう。一つは，多種多様で良質な町工場が互いに依存しあいながら，ある種の産業コミュニティを形成してきた日本屈指の高度工業集積地域[24]，「個々の工場はそれぞれに特徴のある技能をもっていて……個々に点として存在し，ある

---

22) S. Brusco and E. Righi, "Local Government, industrial policy and social consensus: the case of Modena (Italy)," *Economy and Society*, 18(4), 1989.
23) 重森曉「イタリアの職人業と地方自治」大阪経済大学『経営経済』26，1989年。なお，同『分権社会の政策と財政——地域の世紀へ』桜井書店，2001年も参照。
24) 稲上毅『転換期の労働世界』有信堂，1989年。

いはより大きな企業の下請け工場として縦の関係で並んでいる間はたいした力を持たないが，町工場が横に結ばれるとそれは力強い技術集団に変わる」という意味で小企業からなる「地域 FMS (Flexible Manufacturing System)」[25]，下丸子（東京・大田区）である。この地域は，「1企業・1工程」の小企業が地域内で仕事を回して，大企業の高度な試作部門の集積体をかたちづくっている「精密工業のメッカ」である。

　以下，「円高不況」と「産業調整」がこの地域にどのような影響を与えたかを調査した稲上毅のインタビューの記録によって，この高度工業集積地が抱えている困難に焦点をあてて整理してみよう。第1は，大企業の「脅迫的」値引き攻勢である。これは「円高不況」を契機に一段と厳しさを増したが，インタビューでは「強盗のように値引きされてきた」とか「一度絞った雑巾も，日本じゃ湿気が強いから，少し置いておけばまた絞れる」などと言い表されている。第2は，TQC の名のもとに高品質化・短納期化を求める下請管理が厳しさを増した。「やれ図面を出せ，作業標準書を提出しろ」「それも機械1台1台について」「まるで立ち入り検査よ」。第3に，名目賃金が上昇し，海外に仕事が流れ，とくに量産型の町工場の危機が進行した。第4に，地価が高騰し，借金はしやすくなったが（メカトロ化資金），他方で，転廃業が促進され（工場をたたんで駐車場やマンションにする），この地域に工場を埋め戻すことが困難になった。郊外に出ていった工場が下請管理，とくに短納期化に対応するために，下丸子に戻ってくることも，メカトロ化にともなって必要な工場の拡張もできなくなったことである。

　「従業員の退職金をソトに積んでおかなければ辞めようにも辞められられない」という現実のなかで，メカトロ化，多種少量化，短納期化，高品質化を追求して，毅然とした〈生産者精神 workmanship〉を発揮し，技術水準の高い〈一朝一夕にはつくり上げようもない貴重な「産業コミュニティ」〉を形成してきた経営者たちの姿を，稲上の報告は浮き彫りにしている。そして，この「貴重な産業コミュニティ」を維持していくために，大都市周辺へ

---

25) 小関智弘の用語。小関『町工場の磁界』現代書館，1986年。

の町工場の〈疎開〉ではなく,「こうした先端的な町工場群を生活環境に見合った形で新たに"町中に埋め戻していく"政策的努力」が必要だという町工場の経営者たちの判断を積極的に支持している[26]。もしそうでないならば,そして,町工場の後継者,セッター,マニュアル・ワーカーの深刻な不足がこのまま続くならば,日本の高度な生産技術を担い,大企業の生産を支えてきた中小企業のネットワークは崩壊することになるかもしれない。

　世界の大都市・東京から地方の文化都市・金沢に目を転じると,地域内発型の中堅・中小企業群（繊維工業と繊維機械工業を軸に,各種産業機械,食品工業,印刷・出版工業など）によって支えられた高い自立性を保持し,広域的な卸売機能や金融機能を集積し,高度成長期にも伝統工芸や伝統文化を含む歴史的街並みを保存してきた,日本ではユニークな都市経済が現れる。最近の産業構造転換や地価の高騰などによって,金沢の内発的発展も「かつてない深刻な転換期」を迎えているが,佐々木雅幸は,「第三のイタリア」の中心都市の一つボローニャの都市政策に依拠しつつ,「内発的発展志向型都市政策」を提唱し,「ボローニャ・金沢モデルの可能性」を論じている[27]。

むすび

　以上,ポスト・フォーディズム論の非常に荒っぽい論点整理から出発して,現代の地域的産業変動のいくつかの事例を取り上げてみた。「エミリアン・モデル」の提唱者ブルスコは,このような職人業・小企業の地域的集積を「産業地域」と呼び,理論史上,産業組織論としてこのような「産業地域」の形成を論じた先駆者として,A. マーシャル（localized industries, 永澤越郎訳では「地域化された産業」）をあげている。マーシャルの研究によると「地域化された産業」は,地域の気象条件・水・原料などの自然条件,労働力の存

---

26) 稲上,前掲書。
27) 佐々木雅幸「都市政策におけるボローニャ・金沢モデルの可能性」『北陸経済研究』1989年11月。同『創造都市への挑戦――産業と文化の息づく街へ』岩波書店,2001年。

在様式，住民の暮らしのための工夫や努力，領主などの支配者による産業の導入と保護などによって成立するが，その発展の過程で，社会的分業の発展や関連諸機能の集積および技術・技能の発達と集積が進み，このような「ある特定の地区に同種の小企業が多数集積すること」によって確保される「外部経済」（①熟練の継承，②イノベーションの普及の速さ，③1企業1工程などの小企業間の工程分業による高価な機械の経済的利用，④不況を相互に和らげる異種小企業の関連，人材や注文の集中など）が，「地域化された産業」の発展をいっそう促進する。

他方でマーシャルは，大規模生産に比べて，「地域化された産業」の弱さを，①科学技術や経済（全国的・国際的な）情報は増えているにもかかわらず，それを活用したり技術開発に取り組んだりするためには，小企業主は〈特別に強靭な人間〉でなくてはならないこと，②購入資金がないため高性能の新しい機械の導入ができないこと，③小企業であるために原材料が割高であること，④都市化による地価高騰のために，工場敷地としては採算がとれないほど地代が高くなり，小企業の地域的集積が失われることなどを指摘している[28]。マーシャルの「地域化された産業」の考察をこのように整理して，これまで取り上げた若干の事例に重ねあわせてみると，モンドラゴンや「第三のイタリア」の共生的協同組合や自治体の積極的産業政策（財務・会計の支援，原材料の一括購入，専門的技術教育，賃金・労働条件の改善，金融的支援，R&Dの支援，Industrial Districtsの造成，見本市の開催等々）は，マーシャルの指摘する「地域化された小企業の弱さ」を補強する社会的制度的支援システムであったということもできる。

これに対して，下丸子の事例は，「とにかく叩かれる。そりゃたまんない。でもさ，そういう親会社があるから下請けに力がつくんだって側面，たしかにあるよね。キツイからこそ，強いってことかな」[29]と言われているように，カプリンスキーのいうシステモファクチャーの「工場間では密接で調和のと

---

28) マーシャル（永澤越郎訳）『経済学原理』岩波ブックサービスセンター，1985年，原著第8版の195ページ以下。
29) 稲上，前掲書。

れた生産と製品開発の関係が形成され，労働や工場の相互関係はTPC（総合的生産性管理）と呼ぶべき管理のもとで統合される」社会関係は，この場合には大企業とその厳しい下請管理のもとで懸命の自助努力を積み重ねてきた町工場との関係である。その厳しさや懸命さは，インタビュー調査の記録のなかで，「自分の子どもが親父の仕事を継ぎたいと思ってくれるような工場……になっていないのは，下請けの努力が足りないからだなんていわせない！」という町工場の経営者の言葉がでてくるが，それほど想像を絶するものである。この経営者たちは，たとえば「脅迫的」値引き攻勢に対して，「最低工賃法」の制定や親会社に対する行政指導が必要だと主張している。また，都市計画や税制などを「地域FMS」を発展させる方向で整備することも必要であろう。このような行政的介入も含めて，社会的制度的な条件の整備が不可欠であることは，マーシャルの先駆的な指摘からも，現代の典型的な事例からも確認できることである。

　この点は，フレキシブル・スペシャリゼーションやポスト・フォーディズムの理論が注目している熟練，技能，ネットワーキング，クラフト生産などの「労働を最重要の資源」とするような諸要素が，日本の経済社会にみられるとともに，前近代性や強搾取の実態がみられることとを統一的に把握するためにも，決定的に重要な視点であると考える[30]。

30）本書の第1章および第2章を参照。

第6章 「もろい社会」の再設計と地域における福祉

はじめに

　本章を執筆するきっかけとなった共同研究による隠岐での障害者施設の調査では、「共感」ということを強く印象づけられた。隠岐では島根県や町のサポートもあって、障害者に必要な通所施設などが整備され、優れたスタッフによって運営されていた。「この町で施策が進んでいるのはなぜですか」という質問に、「町の人が快適だと感じ、支持しているからですよ」というのが町の担当者の答えであった。施策が進む前は、あの家に障害をもった子がいるが、親が働きに出ている間、閉じ込められたり柱に縛り付けられたりしているにちがいない。それが気になりながらも手を差しのべる余裕もなく、見てみぬ振りをして居心地悪く過ごしていた。施設ができると、その子が朝は「行ってきます」と声を出して元気に出かけ、夕方には「ただいま」と満ち足りた様子で帰ってくる。それを「快適だと感じ」ると言ったのである。他方で、障害の程度や組み合わせは多様で個性的なので、活かすべき機能や能力を評価して、勉強や仕事や生活や人と交流する能力を発達させることは容易ではない。子どもたちが、いそいそと出かけ、達成感をもって帰ってくるという「快適」さを実現し維持するのは大変なことである。発達を保障し、学習と自立を支えるという施設の明確な目標があり、それを担う優秀なスタッフがいて、試行錯誤も含めたその営みが地域に開かれている。それを評価し、そのための財政的な負担も含めて「町の人が支持している」と言ったのである。そしてこの隠岐における文化と共生の町づくり[1]に深い感銘を受けた。

　本章は、日本の企業社会（「もろい社会」）に関する批判的分析という課題との関連で、主に共同作業所の運動や運営から学んだことの一部をとりまと

障害者の労働問題にくわしい上掛利博は,「共同作業所運動が社会福祉の理論と運動に問いかけたもの」を,次の五つに整理している。第1は,障害者の発達を総合的に保障する仕組みを,「人間労働」を軸に,障害者とそれを支える人々との対等・平等な「集団」および民主的な意欲や活力を引き出す「民主主義」的なコミュニケーションという社会的な関係として明らかにしようとしたことである。第2に,このような発達保障の仕組みとしての社会関係の形成が,政府のいう自立・「在宅福祉」とは異なって,障害者の自立とは,「仕事おこし」であり「地域づくり」であることを実践的に示したことである。第3は,従来の福祉施設の運営が,ともすれば「管理」を中心にしがちであったのに対して,「財政力をもつ集団」として成長し自立することを目指してきた(このことを施設などの建設に対比して「見えざる建設」と呼ぶ)ことである。第4は,このような努力を系統的に展開するとともに,絶えず行政に働きかけ,公的責任を明らかにし,行政を変えてきたこと。そして第5は,共同作業所全国連絡会(共作連)という全国的ネットワークや地域の労働組合,商店や事業所その他の団体などとの地域的ネットワークの形成を積極的に進めてきたことである[2]。

　本章では,上掛のみごとな理論的な整理を前提として,なお,つぎのような三つの問題を取り上げて考えてみようと思う。第1に,障害者の発達保障の仕組みとして,労働を軸としつつも,民主的コミュニケーションが強調されていることについてである。実践的に障害者の労働保障が決定的に重要であるということは疑問の余地がないが,他方で,メディア症候群のようなコミュニケーション障害が問題となるような情報化社会でもあるので,少し理

---

1) センは「共感」と「コミットメント」を区別して,共感は他人の厚生が自らの喜びまたは安らぎとなり,他人の苦悩を知ったことによって自らの心が乱されることであると述べている(A. セン,大庭健ほか訳『合理的な愚か者』勁草書房,1989年,133ページ以下を参照)。
2) 上掛利博「今日の社会福祉および障害者問題をめぐる動向」『共同作業所全国連絡会第11回全国集会報告集』1988年。

論的に整理してみたい（II節）。第2は，施設論における「見えざる建設」という提起を受けて，施設を中心とする福祉実践と地域とのかかわりを，福祉に関する社会的評価や合意の形成過程として捉えるという点である。福祉は物的・人的な資源配分の問題を含むので，そのための公共政策の形成のためには，障害に関する科学的な調査研究とともに社会的な評価の発展や合意の形成の問題が重要になってくるからである（III節）。第3に，このような問題を考える前提として，しばしば議論されてきたことではあるが，あらためて福祉とは何か，福祉とは何をすることかという問題を考えてみたい。障害者の福祉にとって国際障害者年の提起は大きな励ましとなったが，そのもとになっている福祉理論について整理しておこうと思う（I節）。

I 国際障害者年と福祉の機能的アプローチ

考えてみれば，重度障害児の問題に取り組み，日本における発達研究の先駆的指導者であった糸賀一雄が，「この子らを世の光に」という言葉で，重症な障害をもった子どもたちにも，その「生まれながらにしてもっている人格発達の権利を徹底的に保障せねばならぬ」という主張は[3]，1980年代には，国際障害者年の取り組みのなかで，世界共通の主張となった。その主張の思想的な核となるメッセージは，しばしば引用されているが，つぎのようなものである。

第1に，WHOの障害概念を援用して，個人の特質であるimpairment（機能・形態障害），それによって引き起こされる通常の個人としての行為における支障であるdisability（能力障害），そして能力障害の社会的結果であるhandicap（社会的不利）とは区別されるべきであり，障害は個人とその環境との関係であり，多くの場合「社会環境が一人の人間の日常生活に与える身体・精神の能力障害の影響を決定する」と捉えた[4]。

---
3) 糸賀一雄『福祉の思想』NHKブックス，1968年。
4) この「障害の三つのレベル」の訳語および意味については，上田敏『リハビリテーションを考える』青木書店，1983年を参照した。

第2に,「障害者は,その社会の他の者と異なったニーズを持つ特別な集団として考えられるべきではなく,その通常の人間的なニーズを充すのに特別の困難を持つ普通の市民と考えられるべきなのである」。

　第3に,今日の社会は,「身体的・精神的能力を完全に備えた人々」のニーズを満たすことをおこなってはいるが,障害者がそのような通常の人間的なニーズを満たすうえでかかえている特別の困難を取り除いて,「文化的・社会的生活全体が障害者にとって利用しやすいように」整備されているとは言えず,このように「ある社会がその構成員のいくらかの人びとを閉め出すような場合,それは弱くもろい社会なのである」。

　第4に,「社会は,全ての人々のニーズに適切に,最善に対応するためには今なお学ばねばならない」。「これは単に障害者のみならず,社会全体にとっても利益となるものである」(「国際障害者年行動計画」1980年)。

　このような障害観は,社会全体のあり方を問うていることからも明らかなように,人間の福祉に対する思想の根本的な転換によってはじめて到達しえた理論であった。従来の福祉観は,進んだ社会にあっても,ともすれば働くことのできない人には扶助を,自立できない人には介護をというように,人間の活動やニーズの多様な側面を分断して捉えたうえで,そのような分断して捉えられた「個々のニーズ」にあらかじめ一面的に設計された「個々のサービス」を提供しようとするものであった。福祉の経済理論にあっても,福祉を,実質所得や人々が享受する財の大きさによって測ろうとする富裕アプローチや,人々の持っている欲求の充足される程度によって測ろうとする効用アプローチが有力な理論とみなされてきた。近年これらを批判しつつ,人々の多岐にわたる機能を達成することのできる「潜在能力」を重視する福祉の新しいアプローチが提起された。このような理論の代表的な研究者であり,国連などの社会計画論にも大きな影響を与えているアマルティア・センの用語法に従って,福祉の機能アプローチ(または機能を達成する潜在能力に注目するアプローチ)と呼ぶことにしよう[5]。

---

　5) A. セン(鈴村興太郎訳)『福祉の経済学——財と潜在能力』岩波書店,1988年。

センが例をあげて説明している「福祉の機能アプローチ」を，富裕アプローチや効用アプローチへの批判的コメントを加えて紹介すれば，つぎのようになる。

「一例としてパンという財を考えてみよう。この財は多くの特性をもつが，栄養素を与えるというのはそのひとつである。この特性は，カロリー，蛋白質など，さまざまなタイプの栄養素に分解できるし，そうすることはしばしば有用である。栄養素を与えるという特性に加え，パンはその他の特性，例えば一緒に飲食する集まりを可能にするとか，社交的な会合や祝宴の要請に応えるといった特性ももっている。ある特定時点における特定の個人は，より多くのパンをもつことにより，ある限度内でこれらの仕方（すなわちカロリー不足なしに生存すること・他人をもてなすことなど）で機能する能力を高めることができる」[6]。このように，パンが不足しているよりも多く持っているほうが，パンの特性を享受する能力が高いということは，特定の個人について考える場合には，妥当するであろう。

しかし，二人の異なる個人を比較する場合にはそれぞれの持っている財の量（富裕の程度）を知るだけでは不十分である。「財貨の支配は福祉という目的のための，『手段』であって，それ自体として目的にはなり難い」[7]。財貨をそれ自体として価値あるもの（目的）と考えるのは，マルクスの言う「物神崇拝」の陥穽にはまってしまうことである。ある人は，パンをたくさん持っていても慢性的神経疲労のために消化できず，パンの機能を実現できないかもしれない。またある人は，パンをたくさん持っていても長時間労働と遠距離通勤のために，地域の友人をもてなす機会を実現できないかもしれない。また，福祉は，個人の欲求の満足度（効用）によっても測ることはできない。「貧しく栄養不良な人は，半ば空っぽの胃と折合って生きることに馴れ，僅かな慰めにも喜びを見出し，『現実的』に（可能）とおもわれる以上ののぞみをもたないかもしれない」[8]。このように個人の欲求や希望が

---

6) 同前，41ページ以下。
7) 同前，44ページ。

「あらかじめ失われている」場合も少なくないからである。

さきほどのパンの例では，パンの特性を人々が実現するための要因として，センはつぎのような要因を列挙している。「財の特性を機能の実現へと移す変換は，個人的・社会的なさまざまな要因に依存する。栄養摂取の達成という場合にはこの変換は(1)代謝率，(2)体のサイズ，(3)年齢，(4)性（そして女性の場合には妊娠しているか否か），(5)活動水準，(6)（寄生虫の存在・非存在を含む）医学的諸条件，(7)医療サービスへのアクセスとそれを利用する能力，(8)栄養学的な知識と教育，(9)気象上の諸条件，などの諸要因に依存する。社会的な行動を含む機能の実現や，友人や親戚をもてなすという機能の実現の場合には，この変換は(1)ひとが生活する社会で開かれる社交的会合の性格，(2)家族や社会におけるひとの立場，(3)結婚，季節的祝宴や葬式など，その他の行事の存在・非存在，(4)友人や親戚の家庭からの物理的距離などの要因に依存するだろう」[9]。

要するにセンは，つぎのように主張するのである。「ひとの福祉について理解するためには，われわれは明らかにひとの『機能』にまで，すなわち彼／彼女の所有する財とその特性を用いてひとはなにをなしうるかにまで考察を及ぼさなければならないのである。例えば，同じ財の組合せが与えられ

---

8) 同前，46ページ。このことを効用アプローチの欠陥としてつぎのように説明している。「この問題は，固定化してしまった不平等や貧困を考える場合に，特に深刻なものとなる。すっかり困窮し切りつめた生活を強いられている人でも，そのような厳しい状態を受け入れてしまっている場合には，願望や成果の心理的尺度ではそれほどひどい生活を送っているようには見えないかもしれない。長年に亘って困窮した状態に置かれていると，その犠牲者はいつも嘆き続けることはしなくなり，小さな慈悲に大きな喜びを見出す努力をし，自分の願望を控えめな（現実的な）レベルにまで切り下げようとする。実際に，個人の力では変えることのできない逆境に置かれると，その犠牲者は，達成できないことを虚しく切望するよりは，達成可能な限られたものごとに願望を限定してしまうであろう。このように，たとえ十分に栄養が得られず，きちんとした服を着ることもできず，最小限の教育も受けられず，適度に雨風が防げる家にさえ住むことができないとしても，個人の困窮の程度は個人の願望達成の尺度には現れないかもしれない」（A. セン，池本幸生ほか訳『不平等の再検討』岩波書店，1999年，77ページ）。

9) 同前，42ページ。

ていても，健康なひとならばそれを用いてなしうる多くのことを障害者はなしえないかもしれないという事実に対して，われわれは注意を払うべきなのである」[10]。

福祉とは，財（所得）を配分することだというのでは十分ではない。所得の再配分だけでは，それによって人の諸機能を発達させ，教育や就労，スポーツや文化，社交や政治グループへの参加など人間生活の基本的な諸要素を享受しうるようになっているかどうかは判定できない。もし福祉を実現するために社会の資源を活用しようとするならば，単に貨幣や財を人間に所有させる所得の再配分だけではなく，手にいれた財の利用価値（特性）を十分に享受できる人間の諸機能（知的，身体的）の発達を実現するような社会システムを構築する必要がある。

このような社会システムの構築にあたって考慮すべき諸要素は，「障害者に関する世界行動計画」（1983年）によれば，つぎのようなものである。「一般の人々がコミュニティにおいて得ている生活の基本的諸要素を得る機会が否定されたとき，その人は不利（handicap）を負うことになるのである」から，国際障害者年の「完全参加と平等」という最終目標を達成するためには，このような生活の基本的諸要素を得る機会から何人も排除されることのないように社会を整備すべきである。「その基本的諸要素とは，家庭生活，教育，就労，住宅，経済保障ならびに身の安全，社交や政治のグループへの参加，宗教活動，親しい性的関係，公共施設への出入り，移動及び全体的な生活様式の自由などを含むものである」。

II 人間の発達における労働と言語

障害者にとって，「その通常の人間的ニーズを満たすうえでの特別の困難」のうち，最も重要であると考えられるのが就労の機会の確保であるということについては，異論は少ないであろう。障害者の労働という問題を考えるた

---

10) 同前，22ページ。

めに，しばらく日本の実情についてみておこう。

　まいづる共同作業所の運営委員で精神内科医の黒田隆男は，京都府北部の共同作業所在籍の精神障害者に関する調査と黒田自身の扱ったケースにもとづいて，「共同作業所の社会復帰医療的役割という側面」について考察し，「期待される治療的プロセス」には，再発防止の場としての「消極的役割」と社会復帰を促進する場としての「積極的役割」とが考えられるという。ここでいう「消極的役割」とは，①服薬と治療の継続，②無為在宅から生じる家庭内葛藤の軽減，③心理的，社会的存在基盤を与えるなどである。また，「積極的役割」とは，①狭められた生活空間を抜け出すための魅力ある場の提供，②集団労働，集団生活を通じた精神的社会的成長，③自立能力の培養，④必要に応じておこなわれる危機介入・調整の役割などである。

　そして，共同作業所がこのような機能を果たすために，精神科医が，①作業所入所時におけるオリエンテーション，②「怠け」などの不適応を含む危機的状況への指導方針の連絡・協議，③指導員への精神障害研修への援助など，作業所の活動のいくつかの重要な場面で協力・援助する必要があると主張している。こういう分析にもとづいて黒田は，「精神医療のすべての場面で，精神科医が責任と役割を果たすということは理想的であるかもしれない。しかしそれは事実上精神科医の能力を超える課題であって，医療経済の上からも能率的であるとは言えない。ことに社会復帰医療のある部分は，医療の枠を離れた保護，福祉施設を含めた，さまざまな人材，社会資源の力を借りて，地域住民の理解と協力のもとに，結果的には非医療的に遂行されざるを得ないといえよう」[11]と述べて，非医療施設としての社会資源である共同作業所が，精神科リハビリテーションにおいて果たしている役割を積極的に評価している。

　他方では，細川汀と植田章による大阪府下を中心とする97名の障害者に対する調査は，障害者の過労障害の深刻なことを浮き彫りにしている。それに

---

11) 黒田隆男「共同作業所と精神障害者の社会復帰」『障害者問題研究』第44号，1986年。

よれば，①障害者の多くは低賃金で，厳しい労働条件，労働環境のもとで仕事に従事しており，また，健康上の理由や企業倒産，職場の人間関係などによって転職を余儀なくされている。②経済的には，年金，手当，わずかな勤労収入によって生活を維持しており，自立できる経済的基盤をもっていない。障害は身障手帳1～2級の重度の人が多く，日常生活の援助を必要としており，親，兄弟との同居率も高い。③健康，身体機能低下については，働きざかりの層で蓄積疲労の割合が高く，頸・肩のこり，腕・手のしびれ，脚・足のひえ，腰の痛み，下肢のだるさ，息ぐるしさ，胃腸障害，不眠といったものが障害者が悩まされている健康障害の代表的症状である。④症状の発症年齢も20～30歳，遅くとも35歳で，発症時以降の状態も悪化ないし慢性に移行していた。⑤機能面では，体調のよかった頃と比べて，歩ける距離が短くなったり，食べるのに時間がかかるなどの機能の低下がみられる。また，30歳代ですでになんらかの変化を有している人が5割を超えていた点に過労障害の深刻性がうかがえる。⑥仕事の多くは，手，目，脳を酷使し，座位または立位の連続，反復長時間，連続作業である。そして，頸肩腕障害の症状が多かったが，職業病として認定補償されていなかった[12]。

　この調査の対象者の障害には，脳性マヒが多かったこともあって，通常の仕事の負荷でも回復ができないほどの緊張と疲労をもたらしていると考えられる。しかし，このような「二次障害」を，通常の仕事の負荷が，通常の人々にも頸肩腕障害などの障害を無視できないほどの程度に発生させ続けているという日本の現実と関連させて位置づけることも重要であろう。ところで，「二次障害」は，このような一般就労においてだけでなく，共同作業所などでも深刻な問題となっており，共作連第12回全国集会（1989年）の基調報告では，「実践上の課題」の第1に掲げ，医療機関，養護学校などとの連携や職員の研修を強め，作業種目・休息時間・作業姿勢・自助具づくりの工夫と実態に関する経験の交流をはかろうとしている。また，共同作業所の運

---

[12] 細川汀・植田章「身体障害者の労働と生活およびその健康への影響について」京都府立大学学術報告『人文』第41号，1989年。

動が「全ての障害者に働く場を」保障するという理念にもとづいて展開され，その発達保障の実績が大きな共感を呼んで，そういう場を求める重度，重複障害者が多数運動に加わってきたことの反映であり，すべての人々に労働を保障するための多様な試みが，新たな課題をもって積み重ねられているということであろう。

以上，きわめて簡単に参照した事例からもうかがえることは，障害者に労働を保障する取り組みが発展するなかで，従来かならずしも明らかにされていなかった「労働の場の保障」の意義が認められるようになったが，他方では，二次障害の問題や重度障害者の労働の保障の困難性が重大な関心を集めるようになったわけである。

さて，一般論として，障害者に労働を保障するということについては，障害者福祉の専門家のあいだでも見解が微妙に異なっているように思われる。たとえば，障害者の発達にとっての労働の意義を強調する秦安雄[13]が，二次元可逆操作の獲得（知能年齢4歳）をさかいに，作業能力や自己指南能力などの伸びに生活年齢効果が著しいという所見を基礎に，それ以前の人たちには「遊び的労働」などの「労働参加の保障」を提起するのに対して，峰島厚[14]は，そのような「広い意味での労働ではなく，仕事，賃労働」こそが人格発達の軸であり，前提条件であると主張している。このような障害者の生存と発達の権利という観点から「労働の発達的意義」を第一義的に強調する見解について，大泉溥は，「現代社会における人間的な『生活』の質を問い，その権利構造の中に『労働する権利』をしっかりと位置づけることなしには，障害者の人格形成の問題はもとより，その社会的自立の問題も解決することができず，真の『発達権保障』への展望も明らかにしていくことはできない」[15]として，疑問を提起している。

---

13) 秦安雄「青年期・成人期障害者の発達を巡る諸問題——二次元可逆操作期前後と労働参加」『障害者問題研究』第46号，1986年。
14) 峰島厚「働く力をつけるとは」『講座 青年・成人期障害者の発達保障2 労働と人格発達』全国障害者問題研究会出版部，1988年。
15) 大泉溥『障害者福祉実践論』ミネルヴァ書房，1989年。

障害者の発達保障の軸に労働を位置づけるという点で先駆的な業績とされる秦安雄[16]も，理論的に依拠している学説の一つは，エンゲルスが「労働が人間そのものをつくりだした」と言い，マルクスが人は労働によって「彼の外部の自然に働きかけてこれを変化させることにより，同時に彼自身の自然を変化させる。彼は，彼自身の自然のうちに眠っている諸力能を発展させ，その諸力の働きを彼自身の統制のもとにおく」と述べたことに注目する，いわゆる人間の労働起源説である。そして，このような労働の人間的発達の契機としての意義の強調は，障害者運動の実践的な交流の場でも繰り返し確認されてきた。このことは，障害者に労働を保障することによって，発達と人格形成がはかられてきたという運動が生みだした実績と，障害者にとって労働の場の保障こそ最も困難な課題であり切実な要求であるという日本の社会の現実からみて，当然のことであった。

　ところで，労働者としての労働能力の開発が，主権者としての統治能力の形成に結びつかないどころか，労働者としてのキャリアが生活者としての能力不全を結果し，それが社会的な問題となるほどに企業社会化した日本の現実を前にして[17]，労働と生活の問題を考えようとしたときに，哲学者である尾関周二の言語的コミュニケーションに関する研究を読む機会を得た。その言うところを最も平易に表現すれば，「やりがいのある労働において自己を対象化した喜びと満足感は，親しい者同士の話し合いにおいて心を通じ合

---

[16] 秦安雄『障害者の発達と労働』ミネルヴァ書房，1982年。

[17] 松原隆一郎は，「企業人のコミュニケーションは，所属企業に縛られている」として，つぎのように述べている。「企業内でのみ関心をもたれていること，そして広く世間には知られていないことにコミュニケーションが集中してしまうのである。『会社人間』というのは，会社の文脈から離れてはコミュニケーションできなくなってしまった人の別称でもあるのだ。会社人間である父親は，長時間会社に滞在しているために家庭では不在になったといわれた。ところが彼らには，不況で早く帰宅したとしても家族とともに語る言葉を持つことができない人が多いといわれる。いわば居ながらにして『不在』なのだ。企業人が特殊社内的コミュニケーションを行っているせいで家庭や社会から孤立しているということは，直接にはその企業の生産性を向上させるかもしれないが，長期的には『持続不可能』なのではないか」（松原隆一郎『消費資本主義のゆくえ』ちくま新書，2000年，150ページ）。

う喜びと満足感とは，一方が他方にとってかわりうる性質のものではないのである。ともに人間の人格性のもっとも基礎にかかわっていると言うべきであろう。ちなみに，どちらかがいちじるしく欠ける時，人格の不安定性，病理的症状が現れてくる」[18]ということである。

　尾関によれば，従来，哲学などの分野では，マルクス主義における人間的本性の理解は，いわば労働起源論によっており，人間と自然の（主体―客体）関係における対象化活動という「労働モデル」を人間的活動の基本モデルとし，これを人間発達の唯一の推進力として分析してきたために，人間と人間の（主体―主体）関係における共同化活動という言語的コミュニケーションのモデルを正当に位置づけてこなかった。そうではなく，言語的コミュニケーションは，労働とならんで人間発達の推進力であり，人間的実践の基本形態の一つであるというのである。「つまり，生産的労働が，人間の対自然に対するさまざまな関係行為のなかのおもなひとつでありながら，しかもそれはこの関係行為一般の人間的な水準と形態の基礎を形成したように，言語的コミュニケーションは，個体間のさまざまな相互行為において人間的水準と形態の基礎をつくりあげた」[19]。

　こういう観点からすると，「はじめに」で参照した上掛の共同作業所運動における「民主的コミュニケーション」の強調と意義づけは，単なる管理や運営における政治的な性格を特徴づけているのではなく，人間労働を軸に，民主的コミュニケーションという社会関係を重視し，そのことによって，人間発達のもう一つの推進力である言語的コミュニケーションを活性化したか

---

18) 尾関周二『言語と人間』大月書店，1983年。
19) 尾関は，労働が共同化を含み，言語的コミュニケーションが対象化を含むことを考慮し，また労働と言語的コミュニケーションとの内的連関を考察しているが，ここでは，複雑になることを避けて，かなり単純化してある。ついでに言えば，労働が共同化を含み，言語的コミュニケーションとの内的連関をもつことが，人間の労働起源説を実態的に補強したと考えられる（尾関周二『言語的コミュニケーションと労働の弁証法』大月書店，1989年）。
　なお，二宮厚美『日本経済の危機と新福祉国家への道』新日本出版社，2002年，特に第5章「現代福祉とコミュニケーション労働」も参照。

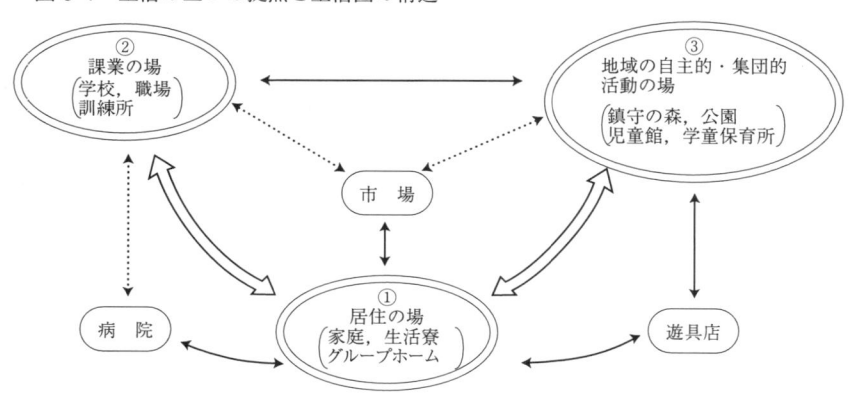

図 6-1 生活の三つの拠点と生活圏の構造

①居住の場（家庭，生活寮，グループホーム）
②課業の場（学校，職場，訓練所）
③地域の自主的・集団的活動の場（鎮守の森，公園，児童館，学童保育所）
市場
病院
遊具店

出所：大泉, 1989年, 46ページ。

らこそ，対象化活動と共同化活動との有機的な相互作用を生みだすことができ，総合的な発達保障の仕組みをつくりだすことができた，ということになろう。

この点で興味深いのは，大泉溥の「三つの生活拠点と生活圏」[20]という提起である。注目したいことの一つは「居住の場」と「課業の場」との関連について，この二つの場は分離して設定すべきであり，しかも，「居住の場」を確立していくことが「課業の場」の取り組みを健全に発展させていくことになるという提起である。逆に言えば，「課業の場」を重視し，そこでの取り組みを発展させようとすれば，「居住の場」をしっかり確立しなければならない。そういう意味で，「すべての障害者に働く場を」保障しようという共同作業所などの運動のなかから，共同ホームなどの「居住の場」の取り組みが生まれていることを評価しているわけである。いま一つ注目したいのは，第3の生活拠点として「自主的活動の場」があげられていることである。その意味は，課業の場から帰った後の自由時間や休日に，居住の場に閉じ込められたり閉じ込もったりするのではなく，遊び・文化・スポーツ・レクリエ

---

20) 大泉，前掲書。

ーションなどの場が地域的に整備され自主的に活用される必要があるということである。

さきの人間活動の二つの基本形態で言えば，この三つの拠点での営みは，それぞれに対象化活動と共同化活動の異なった組み合わせからなる多様な形態をとるであろう。つでながら，日本の企業社会への関心から言い換えてみれば，労働の場が，自己実現の場としてたとえ大きな満足を与えるような場合であっても，労働時間を短縮して，それを生活全体の一部に限定し，自己目的としての人間の諸活動の多面的な発展のための生活時間を充実しなければならない，ということである。

Ⅲ 「自立と発達を支える労働の権利」と社会的評価

前節での人間発達にとっての言語的コミュニケーションの意義の強調は，人間発達にとっての労働の意義を軽視するのではなく，本源的に異なる二つの活動の基本形態が人間にとって不可欠の活動であり，人間発達の二つの軸であるということである。そこで，障害者に労働を保障するためには様々な形態がありうるが，保護雇用ということが広い意味の社会政策のなかに位置づけられなければならない。しかし，まさにこの点で，日本の行政の立ち遅れは決定的であるばかりでなく，その背後にある理論の立ち遅れも深刻である。

たとえば，「国際障害者年を契機とする心身障害者対策の今後のあり方について」という身体障害者雇用審議会意見（1982年）は，保護雇用はノーマライゼーションの理念に反すると言う。「保護雇用は結果的にはノーマライゼーションの理念に反するのではないかという意見もある。更に，その運営補助が結果的には一般雇用への移動を少なくし，滞留現象をもたらすことの他，障害者自身の労働意欲を低下させる等の問題があることも指摘されている。我が国は，活力ある福祉社会を実現することを基本的な方向として目ざしているところであり，特別重度障害者対策を立案するに当たっては，ノーマライゼーションの理念に立脚することを基本的視点とすべきである」。こ

の意見が，障害者に労働を含む通常の市民の生活がおくれるように環境を整備するというノーマライゼーションの理念に無知であることは明らかであろう。それよりも，ここで問題にしたいことは，保護雇用が単に評価されていないだけでなく，保護と労働意欲，保護と自立が対立させられていることである。

　障害者に労働を保障することの意義について考えるうえで，OECD の調査報告書はたいへん興味深い。この調査の目的は，一般雇用が困難な人々に対する社会政策の政策手段の選択において，保護雇用と社会扶助のどちらを採用することが経済的に有利かという問題を，デンマーク，オランダ，西ドイツ，イギリス，スウェーデン，アメリカの6ヵ国の実態調査を通じて分析することであった。この報告書をまとめた B. アンダーソンの結論は，各国の保護雇用が機能している経済的社会的条件の違いを経済的評価に組み込むことが困難であり，また，保護雇用によって生みだされる「人間的利益」を経済的価値に換算することができないというものであった。ここに言う，客観的な経済的価値として換算できない「人間的利益」とは，①人間関係の改善，②病気の減少，③依存性の減少，④余暇活動の改善，⑤精神的疾患に関する徴候の改善，などのことである[21]。

　この報告書で興味深いことというのは，社会扶助という所得の再配分と保護雇用に要する経費とを比較することだけでは，政策手段としての選択の基準としては十分な情報を得たことにはならないと言っていることである。保護雇用という政策手段を選択した場合には，所得の再配分によって生計費が保障されるという「客観的な経済的価値」として計測できる価値のほかに，障害者の心身の機能を改善し，自立を促進し，人々とのコミュニケーションの能力を高め，余暇活動の自由を拡大するなど，障害者が人間らしい機能を回復し，発達させるという「利益」が認められるからである。もしこのような利益が「評価」されるならば，政策手段としての保護雇用はそれだけ高く

---

[21] B. Anderson, *Work or Support: An Economic and Social Analysis of Substitude Permanent Employment*, OECD, 1966. 児島美都子編『障害者雇用制度の確立をめざして』法律文化社，1982年による。

評価すべきであるということになろう。

　特別養護老人ホーム「丹波高原荘」の園長だった吉村久美子の『夕映えのときを美しく』を読むと，迷惑施設だとか，汚いとか，恥ずかしいとかの気持ちから，特別養護老人ホームの建設そのものに反対した地域が，給食サービス，入浴サービス，デイサービスなどの取り組みを通じてどんどん変化し，地域のホームに対する評価が変わっていくことがよくわかる。「(会食形式の給食サービスで) なによりもよかったのは，高原荘の園生との交流で，これまで『養老院のかわいそうな年寄り』と思っていた人が，生き生きと楽しんで暮らしていることに感動し，園生を自分たちと同じ仲間同士として見られるようになったことです」。そのような地域と施設との交流の基礎には，老人が「生き生きと楽しんで暮らせる」状態を実現する施設づくりがあったのである。その基本は，専門的な理学療法や作業療法とならんで，日常生活そのものがリハビリであるという位置づけをして，ホームの生活を普通の人々の生活と同じようにするという，当然ではあるが，困難も多く，しかも創造的な取り組みにあった。入所者には「寝たきり」の生活をしてきた人も多いが，「園生のもっている能力をできるだけひきだし，さらにのばしていける」ということに力をそそげば，全員が食堂で食事ができるようになり，いろいろな生活活動やコミュニケーションを楽しむことができるようになるという[22]。園生・栄養士・生活指導員・調理士によって栄養とともに園生の嗜

---

22)「丹波高原荘では日常生活そのものがリハビリであるという位置づけをして，排泄はトイレで，食事は食堂でというのを目標に，朝起きたらまず生活着に着替えることにはじまって，離床，排泄訓練に力をいれています。朝の老人体操も体調のよくない人をのぞいて全員廊下に出てきます。車椅子の園生も，脳溢血の後遺症で手足の不自由な人も，動かなくなった手足をリズムに合わせようと一生懸命です。食事も体調が悪くない限り，車椅子に乗せてでも食堂でとってもらいます。そのことを通して全面介助をしていた人も自分の足で少しは体を支えることができるようになり，車椅子への移動も少しずつ可能になります。そのうちに車椅子の操作も自分でできるようになってきます。高原荘では『目を離さずに手は出さずに』という言葉をよく使います。必要以上の援助をしないで，園生のもっている能力をできるだけひきだし，さらにのばしていけるよう，しっかり見ていくことが大切です」(吉村久美子『夕映えのときを美しく』新日本出版社，1989年)。

好が重視される献立をつくる「食事係の会」の活動，それに春・秋の手づくり「運動会」など，そして，活発な自治会「ひかり会」の活動と機関紙『ひかり時報』の発行。共同研究でまとめられた広島の「きつつき作業所」や隠岐の「仁万の里」の実践の記録[23]からも同じことが読みとれるが，障害者の施設と老人の施設という違いはあっても，先進的な施設づくりの経過には共通するものが多いのであろう。

　これらの施設で痛感することは，地域に開かれていることである。そして，地域の多くの人々が，こういう施設ができたことで，これまで家に閉じ込もっていた障害者や心身の機能の衰えた老人が，専門的な職員と設備によって，仕事やリハビリにはげみ，身づくろいをして地域との交流をもつようになることが，地域にとって快適であると評価していることである。「ある社会がその構成員のいくらかの人々を閉め出すような場合，それは弱くもろい社会なのである」という言葉は，このような施設と地域とのかかわりのなかでは，理論のレベルではなく実感することができる。「特別の困難をもつ」人々が，保護雇用のシステムなどの適切な人的物的な資源の配分によって人間的なニーズを充足し，生き生きと生活を営んでいることは，「社会の活力」をそぐのではなく，地域の安定と人間らしい活力をつくりだすと言うべきであろう。このように，地域に開かれた施設を運営し，多様でまさに個性的な「特別な困難」を克服するためには，全国障害者問題研究会と共同作業所全国連絡会のように，科学的な研究と多数の実践との交流によって検証された，人間の発達に関する科学的知識の蓄積が必要であることは言うまでもない[24]。

　上掛のいう「見えざる建設」という用語は，もともと，京都府知事であった故蜷川虎三が自治体の行政水準の評価にあたって，施設や道路などいわばハードの建設だけからは見えてこない側面，つまり，職員の専門性を評価しその専門的知識を住民との交流における住民の自治能力の発展と結びつけることを通じて，地方自治と行政水準（住民の欲求充足の水準）が高まってい

---

23) 鈴木勉編『青年・成人期障害者の自立・発達・協同』（広島女子大学地域研究叢書）渓水社，1992年。
24) 社会的評価については，池上惇『財政学』岩波書店，1990年を参照。

く側面を言い表すためにつくりだした用語であった[25]。福祉は，さしあたり「特定の困難」の克服過程を社会がネットワークによって支えるシステムである。しかし，この過程が個別的なものではなく連続的であることは，障害者を支えるシステムと老人を支えるシステムとの交流などによって現実に明らかなことである。障害者の発達保障のための科学的で創造的な実績が，一般の人々の発達保障のための貴重な経験となるということも広く認められるようになった。「社会は，全ての人々のニーズに適切に，最善に対応するためには今なお学ばねばならない」ことも多いのであるが，行政による公的資源配分のない分野に地域のネットワークを結集して実績をつくりだし，「これは単に障害者のみならず，社会全体にとっても利益となるものである」という評価を確立してきたことこそ，共同作業所運動などによる「見えざる建設」の最も重要な内容であると思うのである。

---

25) 島恭彦監修『京都民主府政』自治体研究社，1974年。

第7章　日本における福祉文化の再編の動向

I　福祉におけるジャパナイゼーションとポスト・フォーディズム

　1990年代のはじめに，日本，イギリス，スウェーデンの福祉システムの比較をおこなったA. グールドによれば，単一の国家による福祉供給システムの欠落が日本の経済的成功に貢献したのであるが，サッチャーの試みは，日本の福祉システムの諸原則をイギリスに導入することであったし，また，強力な福祉国家スウェーデンにおいても，国際競争に直面して福祉国家の解体と労働運動の弱体化の試みが進行しているという。そして，グールドは，ジャパナイゼーションとポスト・フォーディズムという概念こそ，西欧の資本主義の動向だけでなく，西欧における福祉多元主義（welfare pluralism）への近年の動向を説明するものであると主張している[1]。

　また日本を直接対象としているわけではないが，R. ミシュラは，1970年代の「福祉国家の危機」後の再編成の動向は「新保守主義的再編」と「社会的コーポラティズム」的再編という二つの方向に分化したという。ミシュラは，福祉国家の構成要素として完全雇用政策，普遍的な社会福祉サービス，公的扶助の三つの項目を取り上げて考察しているが，一つの方向は，アメリカ，イギリス，カナダなど先進資本主義国の多くがとった再編策であって，完全雇用政策の放棄と社会福祉サービス，公的扶助の縮小をはかり，民間部門とインフォーマル部門の福祉供給を重視した「新保守主義的再編」である。第2の方向は，スウェーデン，オーストリア，オーストラリアにみられる再

　1）A. グールド（高島進ほか訳）『福祉国家はどこへいくか』ミネルヴァ書房，1997年。

編策であって，完全雇用政策，社会福祉サービス，公的扶助を維持するために，労働組合・経営者団体・政府の代表者による社会的合意形成機構を制度化するという「社会的コーポラティズム」の方向であった。

この二つの方向の比較で，ミシュラが強調していることの一つは，なるほど，新保守主義的再編が目標とした社会福祉制度の縮小は，国民の抵抗に直面し，全体として社会保障財政の規模を大きく削減することはできず，①普遍的社会福祉サービスはほぼ現状維持にとどまったが，しかし，②完全雇用政策は放棄され，失業者数が増大し，③公的扶助はミーンズ・テストの強化などによって顕著に縮小した。したがって，新保守主義的再編は，とりわけ低所得階層，社会的に弱い立場の人々（老人，子ども，母子家庭，障害者など）および女性に対して否定的な諸結果をもたらした[2]。

ミシュラによれば，新保守主義的再編の本質が社会保障財政の削減にあるとするのは正確でなく，むしろ，「経済の二重構造（労働者の二極分解）」と「社会の二重構造（豊かな人々と貧しく社会的に弱い人々への二極分解）」をもたらし，それを固定化することにあるという[3]。

これに対して，社会的コーポラティズムを維持している国々では，国際的に厳しい経済環境のもとで経済的困難に直面しているとはいえ，経済成長率を維持し，インフレ率と失業率を低く抑え，福祉国家の現状維持に成功している。その理由は，社会的コーポラティズムによって，経済的目標と社会的目標との間のトレード・オフ問題を克服しているからである[4]。

ミシュラの比較研究は，日本における福祉国家問題を考察するうえで興味深いものである。日本の現状は，一面からみれば，経済的目標を達成し，社

---

[2] ミシュラは，この重大な結果を看過する点で「福祉国家の不可逆性」という見解が誤りであると批判している。この見解は1980年代の様々な実証研究のなかから生まれ，全体として社会保障財政を削減することができなかったことをもって，社会福祉制度を縮小するという新保守主義的再編の目的は，達成されなかったし，福祉国家はすでに社会に定着しており，不可逆的になったと主張した（R. ミシュラ，丸谷冷史ほか訳『福祉国家と資本主義』晃洋書房，1995年，37ページ）。

[3] 同前，21ページ以下。

[4] 同前，55ページ以下。

会的抗争・政治的危機を回避している点でコーポラティズムの類型に数えられる特徴をそなえていると言えるかもしれない。しかし，「経済の二重構造」と「社会の二重構造」が固定化されているという点では，新保守主義的編成の一類型と考えられる。ミシュラは，このような設問を予想しているかのように，労働組合・経営者団体・政府の代表者による社会的合意形成機構（社会的コーポラティズム）は，組織化された人々の利益は吸収するが，組織化されていない社会的弱者の要求を切り捨てることになるという批判に反論して，つぎのように述べている。社会的コーポラティズムは，それぞれの利益代表者の個別的な利益を実現する機構ではなく，社会の全体的レベルにおける社会および経済政策の基本的目標と運営方法に関する合意形成機構である。このような基本的目標によって達成される経済成長の維持，失業率の低下，インフレの抑制，普遍的社会サービスの整備は，社会的弱者・社会的少数者の利益と合致するものである[5]。

　日本がコーポラティズムであるといわれるとき，このような社会的コーポラティズムと区別する意味でミクロ・コーポラティズムとか微視的コーポラティズムという用語を用いることがある。これまでの労働者階級一般に対する（社会的弱者・社会的少数者の利益と合致する）譲歩としての福祉国家（フォーディズム的なコーポラティズム）の解体過程において，社会が「中心（一次的労働力）」と「周辺（二次的労働力）」とに二重構造化し，連帯主義的な伝統を持つ労働組合でさえ，二次的労働力のプールのなかに構造転換の費用を分散しつつ一次的労働力を企業や工場のレベルの「微視的コーポラティズム」のなかに包摂する戦略を選択しがちである。こういう意味でのデュアリズムの拡大を経済構造の「日本化」と呼ぶことがある[6]。

　以上，簡単に調べてみただけであるが，1990年前後の福祉国家の再編をめぐる議論のなかでは，ヨーロッパ型の福祉国家の解体ないしは新保守主義的再編の一つのモデルとして，1980年代の日本の福祉国家が描かれていた。

---

5) 同前，66ページ以下。
6) J. H. ゴールドソープ編（稲上毅ほか訳）『収斂の終焉』有信堂，1987年。

それでは1990年代の日本における福祉の展開はどのように特徴づけられるであろうか。ここではケアの分野を中心にして検討するが，結論的に言えば，介護保険をはじめとして保険主義による民営化・民間活力の導入と，自己負担による受給削減と，ケアワークにおける極度の低賃金・不安定労働という方向が急速に強まったと言えるであろう。

II 「新しい地域文化」をつくる福祉

1999年版『厚生白書（社会保障と国民生活）』で興味深かったのは，社会保障部門の雇用創出効果を強調するとともに，産業連関表による福祉部門の「投資効果」や「経済波及効果」が，建設部門よりも大きな効果を生みだすことを力説していることであった。さらに『白書』は，福祉によるまちおこしの優れた経験として，山形県最上町の例をあげ，医療や福祉サービスの充実が経済効果だけでなく，新たな地域文化を生みだすと論じている。すなわち，「山形県最上町（人口約1万2000人）では知的障害者更生施設，特別養護老人ホーム，老人保健施設，在宅介護支援センター等の設置，運営や町立病院との連携など，保健・医療・福祉が連携したシステムづくりに取り組んできている。その結果，雇用の確保（約300人分，町内の就業者6130人の約5％），所得の増加（職員の給与及び施設等で用いる消耗品等の購入による町内業者の所得増），社会的入院の解消による医療費の軽減といった経済効果があらわれてきている。特に所得の増加は約17億円であり，これは町内の米の生産額約25億円のおよそ6割を超える。さらに，町外からの視察等の増加による観光客（宿泊客）の増加，これまで卒業後はまちを離れていた地元の高等学校の卒業生が町に定着しはじめたこと等の効果もあらわれている」[7]。

つづけて，以下のような評価を与えている。「上記の効果は地域生産額の増加，雇用効果等をもたらすだけではなく，地元自治体への税収の増加，財

7）『厚生白書（社会保障と国民生活）』1999年版，94ページ。

第7章　日本における福祉文化の再編の動向　155

表7-1　山形県最上町における福祉によるまちづくりの経済効果

雇用の確保	医療・保健・福祉関係施設の就業者 （町職員を含む） （町職員を除く） 注1）参考 　　就業者数 　　町職員数	295人 （227人） 6,130人 230人
経済効果 （百万円）	医療・保健・福祉関係施設で支払われる給与 （町職員を含む） （町職員を除く） 地元で消費される経費	 1,443 782 274
	合　　計	1,716
主な財源 （百万円）	国庫補助金 負担金，使用料及び報酬額 一般財源（町費） （地方交付税による財源措置） （町の負担）	557 794 352 375 （ 70） (287)
	合　　計	1,703

資料：『厚生白書』1999年版による。

政状況の好転，支払われる社会保険料の増加をももたらす。社会保障の経済効果によって社会保障等を財政的に支える基盤が強くなる効果も期待できる。このように，ある地域で社会保障関連サービス等を充実させることは，その地域の活力を失わせず，むしろ地域経済の安定や活性化に貢献するといえる。さらに，医療や福祉サービスの充実は経済効果ばかりではなく，地域住民の生活に安心感をもたらすことを通じて，住民活動が生き生きとしたものとなり，新たな地域文化を生み出す基礎となる可能性がある」[8]。

Ⅲ　日本の福祉と福祉文化

　上記のような『白書』の見解はまったくそのとおりであるが，これまでの日本の福祉施策が「地域文化を生み出す基礎」をつくりだしてきたかという

8）同前，95ページ。

表7-2 人口高齢化速度と将来推計等の比較

	65歳以上人口比率		7％から14％までの所要年数	2020年の65歳以上人口比率の推計（％）	社会保障給付費の対GDP比（うち医療・年金を除く「福祉その他」）	
	7％	14％				
日　本	1970年	1994年	24年	22.5	13.4	(1.5)
アメリカ	1945年	2015年	70年	16.3	15.0	(2.8)
イギリス	1930年	1975年	45年	18.2	21.1	(7.1)
(旧西)ドイツ	1930年	1975年	45年	19.1	25.3	(7.8)
フランス	1865年	1995年	130年	19.5	27.9	(7.6)
スウェーデン	1890年	1975年	85年	20.2	38.5	(16.8)

資料：厚生省高齢者介護対策本部事務局監修「新たな高齢者介護システムの確立について」その他による。
社会保障費の対GDP比は『厚生白書』1999年版。日本は1996年，アメリカは1992年，その他は1993年。

と問題がある。表7-2は，高齢者人口比率7％以上の「高齢化社会」から同14％以上の「高齢社会」への進展が日本では他の先進諸国より異常に速かったことを示しており，いわゆる「高齢化社会危機説」などと絡んでしばしば使われてきた。たしかにイギリスやドイツに比べて2倍，スウェーデンに比べて3倍のスピードであるが，このスピードは（出生率の低下がこれほど激しくなることを別にすれば）予測できたことであり，これに対応する社会システムを整備するために十分な時間があったかどうかは議論の余地はあるにしても，4半世紀という時間が有効に使われたとは言いがたい。表7-2に示すように高齢化社会の段階を迎えたのは1970年であるが，1973年のオイル・ショックを契機とする低成長期への移行とともに，自助自立を強調する「日本型福祉社会」が高齢社会を迎えるスローガンとなった。景気対策としての公共投資の拡大も内需主導型経済への転換も，地域の福祉施設を整備し福祉を担う専門家を計画的に養成する方向には，なかなか向かわなかった。一般的に言えば，国民の福祉は経済成長を実現し国民所得が上がれば，その成果が広く国民の間に共有されるという意味での成長至上主義と成果の均霑論にとどまっていた。

　むしろ，これまでの日本の福祉は，福祉立法上の整備は進められてきたとはいえ，行財政面では国民生活上の困難を，これは所得不足・これは障害・これは要介護など一つひとつの機能に分割してそれぞれの金額や等級を判定し，この限定された機能に対する措置をおこなうという人格分断的性格や，

家族を含む厳しい資産調査によって支給を制限するという家父長制的な構造を保持してきた。したがって食事にもこと欠く人に食事を保障することはできても，貧困な障害者が所得保障とともに発達のための支援を要求する場合はこれを厳しく拒絶することが一般的であった[9]。日本において福祉は個々人の人格性を全体として尊重し well-being を実現するという福祉観が広まらず，まして福祉を文化と結びつけて考えるチャンスなどはなく，福祉の世話になったらあらゆる欲求を拘束されるから嫌だという福祉観が払拭できなかったのはこのためである。

しかし，福祉と文化という視点から現代の動向を見ると，文明の経済がつくりあげた物的な豊かさや歪みを前提に，人々の直接的な交流の条件だけではなく，自然や人間との交流のなかで人々がつくりだしてきた文化的な蓄積を評価し，個性的な自己を生きる条件をつくる文化の経済を発展させなければならないという主張が，文化経済学のような経済の分野にかぎらず，広範な分野に起こっている。

たとえば，福祉の分野では，作家や画家やデザイナーや映画監督など様々な分野の専門家やボランティアが「福祉の文化化と文化の福祉化を総合的にとらえて」福祉文化を主張し，福祉文化学会が設立されている（1989年，一番ヶ瀬康子会長）。一番ヶ瀬康子によるとその設立の理由はつぎの二つである。一つは，限定された対象者に対する福祉から「誰でも，いつでも，どこでも必要なサービスを受けられる福祉」へという「社会福祉改革」のなかで，「今までのような暗い消極的な福祉を，誰でも，いつでも，どこでもやられ

---

9) ティトマスの社会福祉政策の類型論では，個人のニーズを「普遍的サービス」によって充足する比重が増し，社会福祉が制度化されている状態を「社会福祉政策の制度的再分配モデル (the Institutional Redistributive Model of Social Policy)」と呼び，日本の場合は，個人のニーズの充足を仕事や生産性への貢献・メリットにもとづいておこなう「社会福祉政策の産業達成・業績モデル (the Industrial Achievement-Performance Model of Social Policy)」の拡張がみられるが，基本的には，個人のニーズの充足を「自由な経済市場」と「家族」を中心にしておこない，社会福祉制度に残余的な役割しか与えていない「社会福祉政策の残余的福祉モデル (the Residual Welfare Model of Social Policy)」にとどまっていると，分類されてきた。

たらたまらない」と考えたこと。もう一つは，社会福祉士や介護福祉士の国家資格と試験制度が始まって，福祉教育のカリキュラムの画一化や詰め込み主義も出てきた。しかし「専門性」だけでは福祉は担えないのであって，障害者，高齢者が自己実現していけるように知恵を働かせて「芸術的な工夫をすること」に意味があると考えたことであるという。福祉における文化性・芸術性の志向，あるいは福祉から見た文化の経済の主張が明確に表明されている[10]。

Ⅳ 介護保険のジレンマ

介護保険のサービス提供にともなって，訪問介護サービスの大規模な展開を期待していた事業者が苦戦を強いられ，デイサービス（通所介護）やグループホーム事業などの施設サービスの新規展開をはかっているという。訪問介護サービスの見込みが違った原因はいろいろあるが，採算から言えば，利用者が見込みの4分の1にとどまったことと，利用の内訳で報酬単価の高い身体介護サービスが見込みを大幅に下回り，報酬単価の低い家事援助や複合型が選択されたことにある[11]。一般にホームヘルプ労働はコミュニケーション労働という特質を持つと考えられるが，ヨーロッパ諸国と比較しても日本は，ホームヘルパーが利用者の相談や話し相手として多くの時間を費やすと言われている。介護保険サービス利用料（報酬）の1割負担が，利用者の顕在化を抑制したことに加えて，身体介護が必要である場合も含め，同じ負担額で身体介護の2倍の時間サービスを買うことのできる家事援助などへ流れたと考えられる。

他方で，IT（情報）技術と並んで雇用創出分野（政府の緊急雇用対策）として位置づけられていた介護サービスの分野は，常勤ヘルパーのパートタイマーへの切り替えが進むなど，雇用環境が悪化している。介護保険制度のス

---

10) 一番ヶ瀬康子『福祉文化へのアプローチ』ドメス出版，1997年を参照。
11) 2000年5月23日付各紙その他。

タートをきっかけに待遇改善や収入増が期待されていたヘルパーも，30分刻みの仕事が増え移動が多くなり，精神的にも身体的にもきつくなった。東京のある訪問介護事業者のところでは労働時間は2割ふえ，時給単価も上がったが，身体介護が少なかったためにヘルパーの4月の収入は約3割減少した[12]という。精神的なきつさは，訪問介護サービスが30分を単位として売られる介護保険制度の仕組みが，コミュニケーション労働というホームヘルプ労働の特質を厳しく制約していることによると考えられる。一般に，継続的な接触による信頼関係やコミュニケーションが重要な要素となる家事援助に比べ，身体介護はマニュアル化しやすいといわれ，時間単位でサービスを販売するという点では身体介護のほうが事業化しやすいともいわれるが，それも程度の問題であろう。重田博正は，寝たきり老人の清拭という例をあげ，一連の作業の一つひとつにヘルパーの語りかけがあり，老人との応答があることを描きながら，つぎのように述べている。「ホームヘルプの仕事はどの作業をとってみてもこのような要介護者とヘルパーとの応答関係の中で進められる。コミュニケーションは相手の意欲を引き出し，自立を支援する。要介護者，ヘルパーおよびその家族とのコミュニケーションの成否はヘルパーのやり甲斐，あるいは逆に心理的負担ともなる」[13]。

　もともと介護保険制度はジレンマを抱え込んでいた。第1に，介護サービスの供給を主として福祉ビジネスに委ね，国や自治体の責任と機能を介護報酬の支給と調整機能に限定しようとしていること。第2に，保険財政のうえでは，介護報酬の引き上げと介護保険料の引き上げが連動すること。第3に，要介護認定（基準）にもとづく支給限度額設定と限度額内で利用者が選択する介護サービスに対する1割負担による介護サービスの給付抑制システム。このために，つぎのような問題が起こる。①福祉ビジネス主体に一定のサー

---

12) 同前。
13) 重田博正「『ホームヘルプ』という仕事――ホームヘルパーの健康と労働負担に関する研究」『賃金と社会保障』1999年5月下旬・6月上旬合併号。
　　なお，ケアについて最も多く教えられたのは，窪田暁子『小春日和の午後に――ケアの思想を読む』ドメス出版，1998年であった。

ビスを確保しようとすれば,営利の見込める介護報酬を設定する必要があるが,報酬が上がると介護保険料を上げなければならない。②介護保険料の収入を一定の水準とすれば,たとえば身体介護報酬を高く設定すれば家事援助は低く設定するというように,サービスメニュー間の報酬のバランスが著しく損なわれることになる。③しかし利用者の側が,認定された支払限度額内で,しかも1割負担による月々の負担額が少なくなるようにサービスを選択すると,今回のように事業者が期待した身体介護の契約は落ち込み,採算の厳しい(単価の安い)家事援助がふえるということが起きる。④身体機能中心の介護認定や介護サービス給付の抑制のシステムによって,これまで実施してきた(本来必要な)サービスが介護保険では提供できないということになれば,介護保険財政への補填か一般財源による福祉施策というかたちで,市町村財政の支出増が避けられなくなる[14]。

V 福祉の担い手と地域文化の基盤

さて,介護保険制度は老人保健福祉計画(新ゴールドプラン)とともに,介護を私的なものではなく社会的な業務として認め,大規模な社会計画として位置づけたものと捉えることもできる。それにしたがって施設の整備・福祉機器の開発・人材の養成などに資源が投入されることになる。取り上げるべき問題は多岐にわたるが,地域における人材の配置という問題を考えてみよう。表7-3は,人口規模や高齢者人口比率の似通ったイングランド中部のコベントリー市と東京都中野区の社会福祉サービス・スタッフの比較を試みた貴重な調査である[15]。筆者(田端光美)も注意深く念を押しているように,この数値だけで実際のサービスの水準を比較できるかという問題は残る。また,イギリスと日本では家族関係を含む生活様式に違いがあることも考慮すべきであろう。しかし,日本では福祉が進んでいると評価される中野区もコ

---

14) 伊藤周平『介護保険と社会福祉』ミネルヴァ書房,2000年を参照。
15) 田端光美「社会福祉サービスの比較」阿部志郎・井岡勉編『社会福祉の国際比較』有斐閣,2000年。

第7章　日本における福祉文化の再編の動向　161

表7-3　社会福祉サービス・スタッフの構成

総　人　口	65歳以上人口の割合	社会福祉サービス・スタッフ				事　務
		フィールドワーク・スタッフ	入所ケア	デイケア	ホームケア	
コベントリー市 310,141人	13.1%	253人	666人	248人	761[d]人	148人
東京都中野区 281,135人	11.8%	76[a]人 (22)[b]	50[c]人		28人 (142)[e]	146人

注1）　フィールドワーク・スタッフは主にソーシャルワーカーで構成されるが，最近はOTがそのメンバーになっている場合もある。
注2）　ホームケアは，日本のホームヘルプ・サービスが中心であるが，訪問看護婦もチームのなかに編成されている場合もある。
注3）　イギリスでは保育所に該当する施設がデイケアに含まれているが，概してあまり多くない。
注4）　a：中野区における福祉事務所，老人福祉課，障害福祉課のケースワーカーと福祉指導職員。
　　　b：非常勤職員のうち民間協力者。
　　　c：公立公営施設のみで，このほかに民間委託がある。
　　　d：パートヘルパーが含まれている。
　　　e：（　）内の数字は，社会福祉協議会に設置された在宅福祉サービス協力員数である。
出所：田端光美「社会福祉サービスの比較」。

ベントリー市と比べると福祉スタッフが非常に少ないということは明らかである。

　福祉を担う人材を量的に配置するという問題とともに，この分野の職に対する処遇も重要な問題である。「福祉国家の危機」というテーマで，多くの研究が重ねられ，また福祉国家の国際比較研究もおこなわれてきたが，その一つの論点は「大きな政府」という問題であった。図式的に描けば，高齢社会を迎えて福祉国家が直接サービスを提供すると（地方政府を含む）政府部門が拡大する。この場合，サービスの担い手は主に女性であったから，公務員としての処遇を受ける女性労働者が急速に増加し，社会全体の賃金をはじめとする男女間の格差縮小を推進する力の一つとなった（ここからまた，男女の職域分離をめぐるシャドーワークやいわゆるピンクカラー労働などについての議論が起こってくるのであるが，これはおく）。このことを念頭において最近の日本の動向をみると，高齢者保健福祉10ヵ年戦略（ゴールドプラン）がスタートする1990年3月に3万1049人であった全国のホームヘルパー数は，1997年3月に12万8415人と4倍以上になった。この数だけをみれば福

祉部門の雇用は拡大し，そのほとんどは女性が占めている。ところが，同じ期間に公務員ヘルパーは1万8043人から1万2371人に減少し，ホームヘルプの民間委託率は41.9％から90.4％になっている。さらに介護保険の導入とともに公務員ヘルパーは激減するとみられている[16]。

　民間委託を推進してきた重要な要因の一つは，賃金である。国民生活センターの調査によると，公務員ヘルパーでは51.8％が月収22万円以上となっているが，株式会社などの介護事業者に雇用されるヘルパーでは52.1％が月収10万円～22万円未満となっている。同じ調査の自由記入の回答から三つの記述を引用しておく。①「1ヶ月26日，週40時間以上働き，深夜勤務が多い。明け休みが十分取れないばかりか，給料が安い。月給16万円。（株式会社）」。②「生き甲斐のある仕事と思うが，休むと日当がなくなる。正職員として採用し賃金等を改善しなければ継続は無理。1ヶ月26日勤務，税込み16万円。26歳。（株式会社）」。③「夫と別れ子供と親を抱え24時間巡回介護をし（1夜勤で23～24軒回る。走行距離1夜で130キロ），月26日働き，がんばっているが16万円と収入が低く生活できない（在宅介護支援センター）」[17]。現時点では，若者も含めて福祉（職）ブームが起こっているといわれるが，このような労働の実態を放置していると，意欲や生きがいだけでは質の高い専門性を身につけた労働力を惹きつけることはできなくなるであろう[18]。

　さきに引用した『厚生白書』の言うように，地域における福祉の拡充によって「新たな地域文化を生み出す基礎となる可能性」があると考えられるが，その担い手の労働と生活があまりにも低賃金で過酷で非文化的であるならば，この可能性は狭められ，閉じられることになろう。

---

16) 河合克義「介護保険，社会福祉基礎構造改革と社会福祉協議会のゆくえ」『賃金と社会保障』1999年9月上旬号。
17) 国民生活センター『ホームヘルプ活動実態調査』1998年による。
18) 大手のサービス事業者のマニュアルでは「口が動くと手が止まる」として，クライアントや家族とのコミュニケーションを禁じている。

Ⅵ 「ボーモルの病」と福祉の供給

　1960年代後半に，現代経済におけるサービス（対人サービス）の拡大について，部門間における生産性の変化率の違いを分析して，サービスの供給に関する公共政策の意義を明らかにしたのはボーモルらの研究であった。経済を「発展部門（財貨生産）」と「停滞部門（対人サービス）」の二つの部門にわけ，発展部門における生産性の上昇と実質賃金の上昇を反映し，停滞部門におけるサービス価格が相対的に上昇することを「ボーモルの病」と呼ぶ。その理由は，「その生産物の標準化が困難であり，なおかつ労働それ自体が生産物の一部である」から，生産性の上昇が停滞するという技術的特性をもっているからである。このような特性をもつサービスの効率化は公共か民間かという供給形態の選択では達成できず，また，無理に効率を高めようとすればサービスの品質の悪化か労働条件の切り下げをもたらす。したがって，このような部門におけるサービスの供給には公共政策による支援が必要なのであって，そこからボーモルらは，これらのサービスの消費者（納税者）が対人サービスにおけるこのような技術的特性を理解し，これらのサービスの品質と十分な供給のための公共政策を監視するように求めたのであった[19]。

　ボーモルらの研究は芸術や文化を中心におこなわれたが，広く教育・医療・福祉など，労働節約的な技術革新が進まない対人サービスにもあてはまる。1976年にW. A. ロブソンは，イギリスの福祉国家を念頭におきながら，「すべての発達した福祉国家のソーシャル・サービスの幅広い目的」として，つぎの五つを例示している。すなわち，①個人の社会的経済的権利を一層保護すること，②障害者の生活を援助し訓練や教育を用意すること，③公的教

---

19) 阪本崇「公共政策論の現代的課題における『ボーモル病』の意義」『京都橘女子大学研究紀要』第28号，2001年。また，W. J. Boumol, "Macroeconomics of Unbalanced Growth: The Anatomy of Urban Crisis", *American Economic Review*, Vol. 57, No. 3, 1967. およびW. ボウモル／W. ボウエン（池上惇ほか監訳）『舞台芸術——芸術と経済のジレンマ』芸団協出版部，1994年，第7章を参照。

育システムによって青少年を育成すること，④疫病の予防と治療だけではなく，あらゆる年齢やライフ・ステージにおける国民全体の健康を達成すること，⑤文化の鑑賞を福祉の一部として位置づけ，芸術の助成やレクリエーション施設を用意すること[20]。

ここに例示された「目的」は，まさに多様化し高度化した現代の社会が要求する対人社会サービスであって，ボーモルらが納税者の「理解と監視」を求めた公共政策による支援が必要なサービスである。すでにふれたように，ロブソンの著書とほぼ同じ時期に，社会学者D.ベルは『脱工業社会の到来』を楽観的な見通しを持って宣言した。そこでベルは，工業労働者の割合が当時の農民の割合と同じくらい小さくなり，多数がサービス労働に従事するポスト工業社会が近づきつつあること，その社会では，きわめて異質なものの寄せ集めであるサービスのうちでも，輸送，配給などの生産補助部門ではなく，保健・教育・研究・政府のサービスなど，直接人々に提供されるサービスが優位を占め，それが経済構造だけでなく社会構造にも大きな影響をもつようになると考えていた。「もし工業社会が，生活水準の基準として，財貨の量によって定義されるものであるとすれば，ポスト工業社会は，いまやあらゆる人々にとって望ましく，可能であると見られるサービスと楽しみ——保健，教育，レクリエーション，芸術——を尺度とする生活の質によって定義される」[21]ようになるが，しかし，このようなサービスは市場によって適切に供給することはできない。「アメリカにおいて今日われわれは私的事業による市場体系に基礎を置いた一つの社会から離れ，最も重要な経済上の決定が政治レベルで，意識的に決定された『諸目標』と『優先順位』を考慮

---

20) W. A. ロブソン（辻清明ほか訳）『福祉国家と福祉社会』東京大学出版会，1980年，27ページ以下。また，序文では同書の目的の一つが，「福祉国家が主としてあるいはもっぱら，貧しい人びとや社会の恵まれない構成員にさまざまなソーシャル・サービスを提供することにかかわるものであるという意見が，いかに不満足なものであるかを示」すことにあると述べている。「福祉国家の名に値する国家は国民全体の福利にかかわるものでなければならない，と私は確信している」。

21) D. ベル（内田忠夫ほか訳）『脱工業社会の到来』ダイヤモンド社，1975年，（上）174ページ。

に入れて，決定されるような社会に向かって動きつつあるということである」[22]と予測していた。ベルの魅力的な労作のなかでの予測にもかかわらず，政治がなんらかの民主主義的な条件なしに合理的な調整をおこなう保証はなく，このような調整主義的な政治的決定への道は開かれなかった。

むしろ歴史的展開としては，オイル・ショックを契機とする経済危機が，「サービス活動こそ生産性の回復を妨げている重荷である」という議論を引き起こし，サービスの効率化を追求する新保守主義の政策潮流の時代を迎えたのであった。そういう流れのなかに，本章で取り上げた日本型福祉社会という微視的コーポラティズム（公的福祉の縮小）政策を置いてみるならば，それは，「ボーモルの病」と呼ばれる対人サービス分野の技術的特性の分析が正しかったことを証明し，また，これらのサービスの品質の監視と十分な供給のための公共政策に対する理解を系統的に深めることができなかったことを示している[23]。

ある意味で「ボーモルの病」は，価値法則の反映なのであるが，サービス労働が「疎外された労働」として価値法則につなぎ止められないで，コミュニケーション労働として処遇されるためには，二つのことが必要であると思う。一つはP.クルーグマンのいう「留保賃金」による賃金の社会的最低限の引き上げであり，もう一つはケアワークやソーシャルワークのコミュニケーション労働としての「固有価値」に対する社会的評価を確立することである[24]。アメリカ経済のニューエコノミー論に対する批判としてクルーグマ

---

22) 同前（下），391ページ。
23) ロブソンの『福祉国家と福祉社会』の主要目的の二つ目は，「福祉国家を福祉社会と区別することであった」し，「対応する福祉社会なくしては真の福祉国家の享有はありえないこと」を示すことにあった。同書序文および結論（第9章）を参照。
24) この問題を考える際に，北村洋基「情報資本主義と労働価値論の現代化」『経済』1999年9月号が参考になった。サービス労働の価値規定についても，「社会的平均」が二つの軸をもつようになったという点についても，固有価値論についての詳細な検討から学ぶ点が多かった。しかし，固有価値については剰余価値（＝疎外された労働）の枠の外において，あるいはそれを補完し修正するものとして，北村よりも積極的に評価したいと思う。

図7-1 「社会的選択」と失業

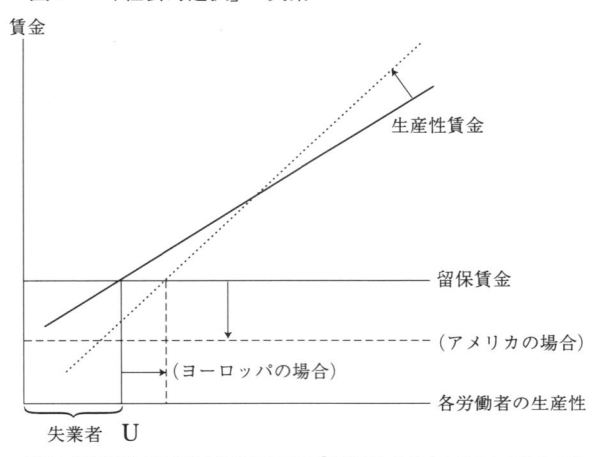

賃金／生産性賃金／留保賃金／（アメリカの場合）／（ヨーロッパの場合）／各労働者の生産性／失業者 U

出所：竹中平蔵「アメリカ経済は本当に『新時代』を迎えたのか」にもとづく。

ンは図7-1のような図解を示している。この図ではまず，①個々の労働者の生産性と賃金の関係は右上がりの曲線を示すという前提と，②各国に社会的な選択の結果として労働者にある程度の生活水準を保証しようという「留保賃金」(最低賃金または社会保障の水準）が存在するという二つの前提を置く。そのうえで，経済のグローバル化や規制緩和などによって競争が激化した現代では，企業は生産性の高い労働者にはより高い賃金を，逆に生産性の低い労働者にはより低い賃金を支払うよう動機づけられるので，生産性と賃金の関係を示す曲線の傾きは従来よりも急になっている。その結果，留保賃金の水準よりも下回る賃金の労働者が増加し，失業者が増加する（ヨーロッパ諸国の場合）。これに対して，レーガノミックスのもとで福祉水準を切り下げてきたアメリカでは，結果的に留保賃金の水準を引き下げたために，失業率を低下させているというのであ

---

25) 竹中平蔵「アメリカ経済は本当に『新時代』を迎えたのか」『エコノミスト』1997年9月16日号。『経済白書』1996年版は，労働市場のミスマッチについて簡単な国際比較をおこない，ドイツ型（構造失業＋高賃金）とアメリカ型（高雇用＋所得格差拡大）という2類型を示して同じ結論を述べていた。すなわち，ドイツでは失業給付等の公的所得保障が充実し，また企業の負担すべき法定福利費用が高いために労働の供給側にも需要側にも雇用増加の誘因が小さく，失業率は高止まりしている。これに対してアメリカでは，失業給付等の水準が低く，低賃金雇用が拡大し失業者が吸収されたために，失業率は低水準であるが，賃金格差や所得格差の拡大が問題となっている，というのである。

る[25]）。

　もう一つは，ケアワークやソーシャルワークなどサービスが，競争と資本の自由移動によって生産されて再生産の技術的法則性に従うという意味で，剰余価値を生産する（疎外された）労働にとどまらず，コミュニケーション労働として，クライアントやその家族の「快適（満足）」を実現するとともに，地域の「快適（満足）」をも実現する「固有価値」に対する社会的評価を確立しなければならない。情報化が進み，サービス化が進むということは，単に大量に再生産されるサービスとして市場（価値）で評価されるだけでなく，それを担う労働（職）の社会性・公共性，あるいはまた文化性（固有性）が評価されるということである。

第8章　経済と人間の有機的成長論と消費者主権
——マーシャル・シトフスキー・ショア——

はじめに

　第3章で取り上げた『働きすぎのアメリカ人』(原著出版1992年) で，1970年代後半からのアメリカが，日本と1, 2を争う長時間労働国になったことを分析し，現代のアメリカ社会が「働きすぎと浪費の悪循環 work and spend cycle」に陥っていることに警鐘を鳴らしたショアは，『浪費するアメリカ人』(原著出版1998年) において，そのような働きすぎの原因が「新しい消費主義」にあると主張している。アメリカの中流階級を巻き込んだ「新しい消費主義」を分析するに際して，ショアは消費がもつ社会的・競争的性質に注目した。人々は消費において，他人と比べ，他人と張り合い，他人に誇示するのである。

　ショアは「自由に選択し得る消費が大衆的な現象となった社会」を消費社会と呼び，「消費支出が持続的に増加し，それに飽き足りないことが一般的な状態となる文化」を消費文化と呼んでいるが[1]，そのような意味での消費社会，消費文化は1920年代にアメリカ的生活様式の形成とともに成立し，戦後各国に広まったと考えられる。その背景には，家族の解体過程と都市化の過程があった。

　一般的に家族 (人間の生命の再生産の単位)，生活手段 (人間の生命に転化される財やサービス)，および消費サービス労働 (生活手段の消費を媒介する) を生活様式の3要素[2]とすれば，この3要素のアメリカ的生活様式

---

1) ショア (森岡孝二監訳)『浪費するアメリカ人』岩波書店，2000年，278ページ，第1章注30を参照。
2) 成瀬龍夫『生活様式の経済理論』御茶の水書房，1988年。

における特徴は，3世代家族を含む家父長制家族を典型的な形態としてきた家族では核家族化・都市化であり，かつては自給的共同的であった生活手段では重化学工業の大量生産が主導する全面的商品化・個人主義化であり，従来家族内で担われてきた消費サービス労働では社会化（公共サービスやサービス産業）・機械化（耐久消費財による代替）であり，このような傾向が全面的に展開したために，家族の機能は耐久消費財や文化財を含む財を単に「選択したり消費したりする」という機能へ一面化された。このような意味で「消費主義」も新たな顕示的消費である「新しい消費主義」も，消費機能に一面化されたアメリカ的生活様式の展開におけるそれぞれの局面である。

さて，アメリカにおける競争的消費の歴史的展開は，ヴェブレン『有閑階級の理論』（1899年）が描いた，大金持ちが社会的ステータスを見せびらかすための個人的広告としての派手な消費（顕示的消費）と下位の人々の模倣過程（トリクル・ダウンの過程）として，また，1920年代に形成されるアメリカ的生活様式のもとで出現する消費主義は，デューゼンベリー『所得・貯蓄・消費者行為の理論』（1949年）が描いたように，標準的消費バスケット（この場合，消費はいわば社会的ノルムとなる）のうえで耐久消費財の購入などを競う「ジョーンズ一家（お隣さん）に負けるな」という過程として描かれてきた。

このようにこれまでの消費主義が，隣のジョーンズと同じ街区内の同じような資産価値の住宅に住み同一の所得階層（水平的準拠集団）であるスミスが消費を競っていたのに対して，ショアが発見した「新しい消費主義」は，既婚女性の多数が労働市場に入り込むことによって，人々の社会的接触の場は狭い隣近所からより広い職場社会に，また健康や美容や趣味のための施設における社交に移り，上司を含む高所得階層の人々と接触する機会が増え，同一の所得階層という枠を越えて消費競争を触発されるようになるとともに，ついに消費がある種のコミュニケーション手段または自己表現手段となり，高級品・ブランド品を人と張り合い，それによって自己の社会的ステータスを表現する手段ともなるような消費主義である。

しかもショアの言う「新しい消費主義」の1970年代末から1990年代初めに

第8章 経済と人間の有機的成長論と消費者主権　171

かけては，アメリカでは広範な労働者の間で実質賃金率の低下が生じた。そういうなかでも，人々は共働きによって，あるいは残業や副業によって，なんとか収入を確保し，またカード・ローンをふやしたり貯蓄をへらしたりして，高い消費支出を維持してきた。こうして人々は，消費をふやすために所得をふやそうとし，所得がふえた以上に消費するようになり，労働と消費の堂々めぐり，働き過ぎと浪費の悪循環に巻き込まれたのである。

　こうして，1970年代以降，人々は同じ価値や志向性やライフ・スタイルを共有する（垂直的に幅の大きい）クラスター集団を準拠集団とするようになった。そうなると所得階層上位20％の中流階級上層が引っ張る欲望水準の上昇，ブランド志向，差異化の消費競争を通じて客観的には「消費の氾濫」現象が見られるようになる。こうしていまでは，人々は自分の3倍，4倍，あるいは5倍もの所得を得る人々と自らを比較し，またそういう人々を「準拠集団」として選ぶことになりやすい。その結果，大衆が高水準消費という国民的文化の参加者になっていることを，ショアは「新しい消費主義」と呼んでいるわけである。

　しかし現実には，人々は消費をふやすほど欲望が高まり，満足を得るために必要な追加額はふえ，高水準化する競争的な消費が激しくなるにつれて，家計は悪化し，稼げば稼ぐほど労働時間の増加によって，家族やコミュニティのための時間の圧迫が生じた。また，広告や販売術による私的消費財への需要が増大するにつれて，税負担は忌避され，教育・社会事業・公共の安全・レクリエーション・文化などの公共財の土台が蝕まれている[3]。

　ショアは同書において，新しい消費主義のもとでの競争的消費の高まり[4]

---

3) これは「消費主義」の最盛期にガルブレイスが『ゆたかな社会』（原著1958年）において分析した「依存効果」と「社会的アンバランス」の確認でもある。
4) ショアは，ほとんどのアメリカ人，特に新しい消費主義に陥っている中流階級のアメリカ人は意識のうえでは，一種の顕示的消費としての新しい消費主義に自らが陥っていることを認めないと言う。彼らは個々の商品を購入した動機としてその機能性や必要性を言いつのるが，それは彼らの育った社会が，人に見せびらかすことをタブーとし，生活（消費）における禁欲的態度をモラルとしてきたからであると述べ，こういう意味での意識やモラルの重要性を確認している。

を考察しているだけでなく，現代の過度の物質主義に疑問を抱き，新しい浪費主義から抜けだして，所得よりも自由時間を，出世よりも生活の質や自己実現を追求する道を選ぶ人々が着実にふえていると主張している。ショアはそのような生活転換を「ダウンシフト」と呼び，それを実行している「ダウンシフター」や簡素な生活者の実例を豊富なインタビューの記録によって興味深く描きだしている。またショアは，いわゆるディドロ効果の陥穽に陥り新しい消費主義の無限軌道に乗らないための九つの原則を提起して，消費主義から抜けだす新しい生活者としての自覚を喚起している。これによってショアは，人々の自覚的な生活様式の転換をつうじて環境や家族やコミュニティのための社会システムに転換する可能性を示唆していると考えられる。

　ショアによる消費の把握は，一面では消費欲求の高まりが人々の生活の豊かさを実現するが，他面では，消費競争，みせびらかし消費に陥るために，その過程で人々は消費をすればするほど欲求の不充足感がつのり，追加的消費のための消費者ローンの累積や副業などを含む働きすぎに歯止めがかからなくなり，人々から自由時間を奪う。人々がそういう消費競争の道ではなく，消費を通じて高まった欲求を，安全・正義・快適，そして自己実現（A. H. マズロー）に振り向ける道を選ぶならば，家族やコミュニティにおける豊かな人間関係を回復し，必要な公共財の整備が進み，地域的または地球的な規模での環境の保全にも寄与するような経済の発展が期待できる，ということである。

I　シトフスキーの福祉の経済学

　このショアの見解は，主に余暇時間の増大が，資源浪費的な満足感の追求による環境問題の深刻化をまねくか，十分な仕事や所得のない人々の刹那的な満足追求による種々の破壊行為による都市の荒廃を招くというケインズやハロッドの将来に対する懸念を受け継ぎ[5]，それと関連して，資源をほとんど消費することなく高度な満足が得られる文化や芸術に対する人々の享受能力を高めることを主張したシトフスキーの研究を想起させる。

シトフスキーは，直接的にモラルや非経済的な価値を中心にして経済の転換を論じるのではなく，行動心理学における研究成果を手がかりとして，人間的必要を満たす「刺激」を取り上げ，どのような「刺激」に対して「満足」を得るかということは，人によって異なり，広告によってもたやすく影響されるし，しつけや教育によって決定される部分も相当にあり，また，特定の形態の刺激を楽しむために必要とされる技能や知識の有無が果たす役割も決して小さくはないと述べ，物質的でない文化資源などへの人々の評価は，教育や文化政策および社会政策などによる人々の享受能力の発達によっても左右されるということを重視していた[6]。

シトフスキーの消費研究において重要と思われるのは，つぎの4点である。第1に，人間にとって不可欠な刺激の源泉がいかにして選択されているか，また，そのコストはどうか。第2に，技術を必要とする消費を合理的に選択することは不可能である。第3に，そのような選択がある程度合理的におこなわれるルートとしての地域の伝統や先輩の情報。第4に，生産技術教育か

---

[5] 「ケインズもハロッドも，生産性の成長が持続する場合の長期的効果に思いを凝らして，その危険に深い関心を抱き，それが余暇利用の準備のできていない人口のうち大部分の人たちに及ぼす影響について心配した。ケインズは，向こう1世紀以内には週当たり労働時間の長さが大幅に短縮されるだろうことを予見し，神経衰弱の発生率が著増するであろう，と予言したし（J. M. Keynes, Economic Possibilities for our Grandchildren），ハロッドは，同じく労働時間の短縮を予想して，過去の有閑階級お気に入りの気晴らし活動であった戦争や流血を伴うスポーツや暴力が，再び，将来の余暇社会の主要な没頭事項になりはしないか，と恐れたのである（R. F. Harrod, The Possibility of Economic Satiety）」（ティボール・シトフスキー「わたしの福祉への模索」シェーンバーグ編，都留重人訳『現代経済学の巨星』上巻，岩波書店，1994年，231-232ページ）。

[6] 多くの経済学者が基礎を置いている顕示選好理論の仮説，すなわち消費者は合理的であり，「消費者の嗜好や市場機会および周囲の環境を一定とすれば，なんであれ消費者のとる行動は消費者にとって最善のものと仮定している」ことを批判し，心理学が培ってきた人間の行動に関する研究にもとづいて消費者の行動及び動機を説明しようとした，と述べているように，シトフスキーの理論的な出発点は顕示選好仮説批判にあった（シトフスキー，斎藤精一郎訳『人間の喜びと経済的価値――経済学と心理学の接点を求めて』日本経済新聞社，1979年，7ページ）。

ら消費技術を中心とする人間的な教育への重点の移行という論点である。

まず第1に,刺激の選択とコストについて。心理的刺激の源泉には,一方では,ショッピング,ウインド・ショッピング,ファッションの変化を追いかけ流行に遅れないようにすること,車の部品を使って変化を楽しむこと,軽演劇,スポーツ観戦などがある。他方では,音楽,文学,美術,会話,パズルおよびブリッジがあり,科学的問題を解くこともこれに含まれる。このうち前者のグループはそれを楽しむのに技術を最も必要としないものであり,後者のグループから心理的刺激を得るにはどうしても骨の折れる努力を要する。

個人的安楽をもたらす刺激のコストの一例として,アメリカの自動車業界で毎年おこなわれるモデル・チェンジのコストが1956年から1960年に年平均48億4500万ドルと推計され,国民所得の1.3％,レクリエーション支出の28.1％に相当することをあげ,「この追加費用はすべて車の外観や部品の変化による刺激を目的として支払われたのであり,それをみれば,個人的安楽とひとまとめになっている刺激を得ようとする場合,いかに高くつくかがよくわかる」[7]と述べている。

第2に,音楽のような技術を必要とする消費を合理的に選択することはできないという点である。音楽を楽しむためにはある程度の音楽知識が必要であり,そうした知識は学ばなければ得られない。人はしばしば音楽を学ぶのに必要なコストを将来の収益を期待しておこなわれる投資のコストになぞらえるが,しかし,企業家が投資コストを計算し,それからもたらされる将来の利潤をある程度合理的に予想しうるのに対して,音楽教育を受けるべきかどうかを決定しようとしている人は,企業家と同じような合理的な決定をくだすことはできない。なぜなら,この人は,音楽的知識が修得するに値するかどうかを合理的に判断するためには,前もって音楽的知識を身につけていなければならないというジレンマに直面しているからである。このようなジレンマは,音楽にかぎらず,楽しむためになんらかの技術を必要とするあら

---

7) 同前,247ページ以下。

ゆる形態の刺激的消費に共通のものである[8]。

　第3に,技術を必要とする消費をある程度合理的に選択するための条件は,信頼できる友人の薦め,作家に対する社会的評価,地域における伝統的な消費技術が伝承されていることなどである。安定した国民性や地域を前提とすれば,そこにおける「それぞれの世代は,独自の消費技術をもつことの利点を後知恵の特権によって知っている。そして次の世代の人々は,もしかれらが伝統を重んじ,年長者の権威に従う場合には,独自の消費技術をもつことの利点についての知識から利益を得,同一の消費技術を身につけることになる」[9]。すなわち「刺激による満足にかんしては,字句通りの意味では消費者の合理性は機能しえないのである。消費者の合理性がわずかながら機能しうるのは,事後的な評価の合理性であろう。出来事が終わった後なら,後知恵の特権によって人はどの小説が一番よかったかを判断できるし,また音楽鑑賞はそのために費やされた時間,苦しい努力および金に値するものだったのかどうかを判断できる。しかし,これから何かを始めようとする場合にせいぜいできることは,そのことをすでに経験している人の判断と同じ結果が得られることを期待して,その勧めに従うことぐらいである」[10]。

　第4に,消費の合理性を実現するための教育の重視である。人々は消費技術を修得することによって,それらをもたない消費者が手にしうるものに比べずっと深く,長続きする満足を手に入れることができる。しかし,そのよ

---

[8] 理論的に言い換えると,合理的な選択が不可能だとは,それによる「便益を当該の消費技術を修得する費用と比較考量できないことを意味しており,したがって,便益を確認できないために,都合のいい費用・便益率に従って便益を選択してしまうことを意味している」。そうした状況下では消費技術に対する投資を最小限に抑えるのはもっともなことである。刺激のうちには,それらを楽しむために消費技術を必要としないものがたくさんある。「したがって訓練を受けていない消費者が,そうした技術を必要としないものに刺激を求めるのは当然である」。そのような刺激が高くついたり,わずかな満足しか得られなかったとしても(なんらかのきっかけで消費技術を修得し後知恵の特権によって便益を評価できるようになるまでは)決してそのことに気づかないだろう(同前,247ページ)。

[9] 同前,246ページ。
[10] 同前,245ページ。

うな消費技術および満足を手に入れている人は少なく，アメリカではヨーロッパのどの国より教育水準が高いにもかかわらず，ヨーロッパ諸国に比べはるかに少ない。その理由は，アメリカの教育がもっぱら生産技術に重点を置き，消費技術教育にまで手が回らないことにある。いまや教育の普及はいたるところで急速に進められているが，多くの国々がアメリカのやり方を模倣しているから，そのような国々は同じような状況に陥っている。「私が主張しているのは消費技術の教育にも力を入れなさい，ということだ。そうすれば，満足感はより大きくなり，満足を得るコストも低くなる」[11]。

II マーシャルの有機的成長論と経済騎士道

シトフスキーは，人間的喜びを経済学に取り入れることについて論じた1985年の論文で，理論史のうえで重要な人物としてケンブリッジの3人の経済学者，マーシャル，ケインズ，ホートレイをあげ，古典教育を重視したケンブリッジの伝統を称えている。そして，ホートレイのスポーツ，文学，芸術，知的喜びの追求などの「創造的生産物 creative products」（反対の用語は defensive products），ケインズの血気 animal spirits，マーシャルの「活動 activities」（反対の用語は wants）は，いずれもプラトンの真実と学びへの欲求のことであり，シトフスキーの言う人間的喜びのための刺激の別の表現であると述べている[12]。

---

11) 同前，249ページ。「重要なのは，教育を通じて，できるだけ多くの人たちが幼少のころから人生を楽しむ能力を開発できるようにすることであるだろう。それができれば，一般公衆中より多くの人たちが唯一の十分満足のいく活動として仕事だけに依存するという度合が少なくなるだろう。しかし，そのためには，教育が現にたどっている方向を逆転させて人文科学をもっと重視するようにしなければならぬので，かなり徹底的な教育改革を必要とする。そこで求められることは，われわれの金銭意識の強いピューリタン社会に，そのプロダクツがお金では買えないような仕事や活動のための知識や技能が他に劣らず重要であることを納得させるという課題である。というのは，そのようなプロダクツの価値が個人の楽しみ，社会の健全さ，そして人びとの平和と暴力のない共存に貢献するという点にあるからにほかならない」（同前，238ページ）。

マーシャルの研究で注目すべきは，経済の有機的成長という考え方と，卓越性を追求している人々を，貨幣的評価を媒介することなく直接に，社会が評価するシステムを提唱していることである。

　まず第1に，マーシャルの欲求の段階論を示しておこう。未開人の欲求のように，①ごく少数のものに限られた欲求（生理的欲求）という段階から出発して，文明の進歩とともに，いろいろのモノを食べたいなどの②多様性に対する欲求が発達する。さらに，他の人々よりは目立ちたいという③誇示の欲求が生まれる。しかし最後に，自分の仕事の卓越性を純粋に追求するような態度を身につけるにいたる。これをマーシャルは④卓越性への欲求 desire for excellence と呼び，人々が卓越性への欲求にもとづいて生活（仕事を）するようになると，経済の成長と人間の発達が絡み合って進む有機的成長が実現すると考えた[13]。マーシャルのこの欲求の発展段階説は，広く知られている現代におけるマズローの欲求段階説と酷似しており，その2大カテゴリーへの分け方も同様である。マズローの場合は，自己実現欲求（一人ひとりのかけがえのない存在にかかわる欲求）と欠乏欲求（足りないものを満たす欲求）であるが，マーシャルの場合は，つぎの述べるように，知性・活力および自主性の向上を意味する「卓越性への欲求」と，人為的な欲望の上昇を追求する「卓越性より下位の多様性や誇示の欲求」の二つである。

　第2に，マーシャルによると卓越性への欲求の段階では，活動そのものに価値を認め，活動の発展のために様々な欲求をコントロールする態度が生まれる。もし欲求を充足することが目的で経済活動はその手段であるならば，多様性や誇示の欲求充足のレベルが上昇して消費生活の豊かさが増したとしても，経済活動はいぜんとして生活欲求の召使であり，活動そのものにはそれ自体の価値はない。「このような場合には，経済活動のなかから人間性の充実とか傑れた性格の形成とかいったことは生まれてこない」[14]。これに対

---

12) Tibor Scitovsky, "How to Bring Joy into Economics," in *Human Desire and Economic Satisfaction*, New York University Press, 1986.
13) マーシャル（永澤越郎訳）『経済学原理』岩波ブックサービスセンター，1985年（原著第8版），86ページ以下。

図 8-1　二つの欲求段階説

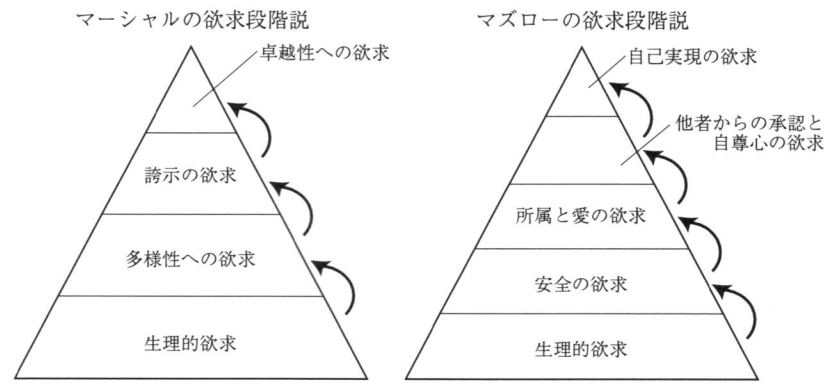

マーシャルの欲求段階説
- 卓越性への欲求
- 誇示の欲求
- 多様性への欲求
- 生理的欲求

マズローの欲求段階説
- 自己実現の欲求
- 他者からの承認と自尊心の欲求
- 所属と愛の欲求
- 安全の欲求
- 生理的欲求

注：左図は，マーシャル（永沢越郎訳）『経済学原理』岩波ブックサービスセンター，1985年（原著第8版），86ページ以下の説明により作成した。
　　右図は，A. H. マズロー（金井壽宏監訳・大川修二訳）『完全なる経営』日本経済新聞社，2001年，419ページ「監訳者解説」による。

して，卓越性への欲求は，肉体的・知的・道徳的な向上を含む人間の発達を表す概念であり，経済的発展が人間の発達を生み，それがさらに経済活動を上昇させて経済的発展を引き起こすという累積的進歩を説明する[15]。

　すなわち，活動の上昇が経済的発展を生み，賃金などの所得の増加によって一面では欲求水準が上昇するが，他面では「より賢明な消費パターンないし生活様式の選択を通して人間の肉体的・知的・道徳的な向上と，教育・知識を得る機会を増大するなど，人間の潜在的能力を十分開発する可能性とを生み，そこに経済の究極目的である人間の進歩が生まれる。さらに，人間の進歩は活動に対する人間の主体性を増し，活動そのものに意義を見いだし，ひいては明日の活動のための活力・能率を維持・増進するために欲望をコン

14）馬場啓之助『マーシャル』勁草書房，1961年，22ページ以下。
15）このように「欲求の手段としての活動」と「活動を支えるための欲求」の区別を論じる際には，マーシャルの生活基準と安楽基準という概念が説明されることが通例であるが，本章では煩雑になるので避けた。生活基準と安楽基準については，馬場，同前，84ページ以下および，近藤真司「『生活基準』の経済学」橋本昭一編『マーシャルの経済学』ミネルヴァ書房，1990年を参照。

トロールすることによって経済活動を上昇させる」[16]。このように経済的発展と人間の活動能力（労働生産性と企業者の経営能力の向上およびそのために様々な欲求を制御すること）の発達との累積的進歩のプロセスをマーシャルは有機的成長と呼んだのである。

第3に，社会文化の一分野としての経済活動の評価における特質についてである。マーシャルは，自由主義経済のもとでの経済発展が人々の欲求を卓越性への欲求の段階に持ち上げ，富の不平等を緩和し社会福祉の高揚をもたらすと確信していた。しかしそこには本質的な障害があった。「科学・文学・芸術等における成功はこれを直接に判定せられる。そうしてこれらの職業に携わっている者は，彼が貪欲でもないとすれば，単に仕事の完成以外に金銭を求める如きは極めて稀である。彼は自分が立派な働きをなせることを確信したいと望むのである。もしも彼が有識者階級から賞讃の月桂冠をかち得るならば，もって満足とするのである」[17]。ところが実業家たちは「その事業そのものを純粋に追求しょうとしても，事業において成功したという確信は富を獲得することなくしてはもちえない。事業が欠損におわるようであっては，たとえどんなに高潔な態度をもって終始したとしても，成功したとはいえない」[18]。馬場啓之助の簡潔な表現によると，実業家は「富の蓄積を別にして，その成功を確認することはできない。富の『誇示』を別にして，事業の『卓越』を証明することはできないのだ」[19]。

最後に第4として，このような実業における卓越性のジレンマを克服するためには，自らの仕事の卓越性を追求する経済騎士道を鼓舞し，正しい情報にもとづく世論の支持とその世論が形成する無形の名誉審判所 Court of Honour によって実業家に正当な名誉を与えるようにしなければならない。それが可能であり必要であるのは，ヨーロッパ諸国では最も有能な人の半数以上

---

16) 坂口正志「有機的成長論」橋本編，同前，227ページ以下。
17) マーシャル（金巻賢字訳）「経済騎士道の社会的可能性」杉本栄一編『マーシャル経済学選集』日本評論社，1940年，280ページ。
18) 馬場，前掲書，256ページ。
19) 同前。馬場は excellence の訳語に優越をあてている。

が実業に従事しており，少なからぬ人々が卓越性の欲求をもって仕事をおこなっているからである。「騎士道的なるものと高尚なるものとを，然らざるものより区別するということは，注意と思索と労力とを要する仕事である。そうしてこの仕事を遂行することは，実業家の膝許に坐して彼等より見聞しつつある経済学者の第一の義務である。即ち社会の与論を導いて，これを無形の名誉裁判所〔審判所〕たらしむべく努力せねばならぬのである。かくて富はそれが如何に大であろうとも，もしもそれが狡猾なる手段，捏造された情報，不正な取引，または競争相手を悪辣な手段で破滅せしめること等によって得たとすれば，何等の社会的成功への旅行免状ともならぬであろう」[20]。つづけて言う。「アテネやフローレンスの民衆の与えた鑑賞眼の高い愛顧が，想像力豊かな芸術に対して最も強い刺激を齎したのである。もしも次に来る時代が，近代的事業経営の方面において，真に創造的なるものまたは騎士道的なるものを探求し，これに名誉を与えるならば，世界は急速に物質的富においても，また人格の富においても発達するであろう」[21]。

Ⅲ　マーシャルの有機的成長論と現代

本章で取り上げた経済学者の考えの基礎にあるものは，人間は変化し成長するということと，経済の発展と人間の発達の調和ということであろう。マーシャルはリカードをはじめとする古典派を批判してこう述べていた。「彼らは人間を言わば不変量と見做し，その変化の研究に努力するところがなかった」。彼らは「労働を単に商品と見做し」，労働者の人間的感情や「知識の欠乏と自由に潑剌と活動する機会の欠乏などを斟酌しなかった」。その最も重大な欠陥は，貧困が，貧者の弱さや才能のなさの結果ではなく，むしろ「彼らの貧困の原因たる無力・無能の主要原因であることを理解せず，また，

---

20) マーシャル「経済騎士道の社会的可能性」杉本編，前掲書，301-302ページ。この「然らざるもの」のリストのなかには，「使用人を酷使すること」も含まれる（同，280ページ）。
21) 同前，302ページ。

労働者階級の生活状態の広汎な改善の可能性」を認識せず，産業の慣習や制度が如何に変化し易いものであるかを理解しなかったことである」[22]。このように人間も産業の慣習や制度も変わるのであるから，貧困が貧困を再生産し，所得水準の向上にもかかわらず欲求の不充足感が高まり，地球環境と人間の生活様式・消費スタイルが対立するという現状を変えるために，必要な教育や情報公開を含む社会政策を探求しようとしていると考えられる。

　3人の経済学者に共通する論点の第2として，それぞれに教育を重視していることがあげられる。ショアは，消費と環境についての教育，クレジット・カードやライフ・サイクルを見通した家計管理の実際的教育を提唱していた。シトフスキーは「働くことの固有の満足感に一途に依拠しすぎることの主な欠点は，仕事をやめたとき，それが手に入らなくなったとき，またはそれが余りにも機械的になって魅力を失ったときに，人生が空虚となり充実感がなくなるという危険に見舞われることだと思う」[23]と述べているが，シトフスキーの問題意識の背景には，ピューリタン的な教育は仕事の技能や労働規律を重視し，その他すべての事柄を軽視し虐待するのに対し，非ピューリタン的教育は，仕事の技能と同様にその他の刺激を楽しむのに必要な知識や技能をも重視する，というピューリタン的モラルへの批判があった[24]。マーシャルが貧困の悪循環（貧困の罠）から抜け出すために教育を重視していたことはすでに述べた。

　このような人々の社会的人格を形成する教育が，社会全体にどのように貢献したかについての，外国の研究者による研究も含めた教育社会学の多数の調査のサーヴェイをつうじて副田義也はつぎのような結論に達している。

　「学校教育が育成しつつある未来の日本人の成人世代の大多数は，効率よ

---

22) マーシャル（板垣与一訳）「経済学の現状」杉本編，同前，181ページ以下。
23) シトフスキー「わたしの福祉への模索」ジェーンバーグ編，前掲書，231ページ。この文章は，木津川計の「恐怖のワシ男」を思い起こさせる。そこでは企業社会を支えてきた会社人間たる企業戦士が，豊かな自由時間を前にして，それを使う術も，何が自分に満足を与えるかもわからない状態にあることを描いている。
24) シトフスキー『人間の喜びと経済的価値』238ページ。

く働き，所属する組織・集団への忠誠心がつよく，敵対的競争になじんでいる。しかし，かれらは，学校によって不平等な経歴を歩まされはじめ，自由と人権を抑圧され，他者への無償の愛をわずかしか教えられなかった人びとである。かれらは経済的繁栄の担い手としてはよく訓練されているにちがいない。けれども，かれらは将来の民主主義社会，高齢化社会，国際化社会の担い手としてはどうだろうか。かれらはうまくやれるだろうか。うまくやれるのなら，それはわずかにしか学校のせいではない。うまくやれなかったら，それは多分に学校のせいである」[25]。

学校教育の社会全体に対する機能や貢献を二つに区分し，経済体制（資本主義）に大きく貢献しているが，政治体制（民主主義）にはさして役立っていない，という結論は，多くの人々の共感を得るものであろう。

第3に，消費を重視するという点である。シトフスキーの研究で重要な点は，消費を重視し，経済成長の内容（価値）を決めるのは消費者であると考えていたことである。それによると，ピューリタン的労働倫理は生産性や経済成長を助長するが，その成長の方向を決定するのは消費者の選択であるから，社会にとっての成長の価値は消費者がお金を使うときの慎重さと叡智によって左右される。したがって，家計支出にあたってお金を不注意に，または無駄に使うことは，お金を使う本人だけでなく，社会全体にも害を及ぼすことになる。「ここに消費者による選択の外部性があるのであり，したがって彼等の主権を制限すべきではないという理由ともなりうる」[26]。

マーシャルは，すでにみたように，卓越性より下位の多様性や誇示の欲求の充足を目的とする経済活動（労働）の段階にとどまることを批判し，活動そのものに価値を認め，活動の発展のために様々な欲望をコントロールする態度を求めた。ショアもまた，競争消費からは満足感は結局得られないと言い，批判的な消費態度と簡素な生活への転換を求めた。マーシャルの場合は，そこから経済の発展と人間の発達の有機的成長を，ショアの場合は，自由時

---

25) 副田義也「学校教育と日本社会」東京大学社会科学研究所編『現代日本社会』第6巻，東京大学出版会，1992年。
26) シトフスキー『人間の喜びと経済的価値』233ページ。

間の拡充，公共財の整備，地球環境との調和を展望していた。

　第4は，教育の重視や消費の重視と深くかかわることであるが，人々の行為や情報の社会性のへの注目である。マーシャルは経済学者の情報にもとづく世論による名誉審判所を提唱したし，シトフスキーは文化による満足の大きさに気づき，その消費技術を努力して習得するためには「後知恵の特権」，つまり地域の伝統の継承や先輩からの推奨，作家に対する社会的評価などに従うことが必要となると考えていた。ショアは「新しい競争消費」の悪循環と欲求の不充足から抜け出す一つの方法は，簡素な生活を実践する人々とのネットワークやダウンシフターを自らの準拠集団にすることなどを勧めている。

　情報の意味についてショアは，コマーシャルが伝えようとする豊かさ（あるいは幸せとか変身とか）のメッセージ（商品や会社のイメージ）を批判的に見ることを繰り返し読者に勧めている。たとえば，NBAのスーパースターをCMに起用して世界企業になったスポーツ・シューズの会社はその華やかなイメージにもかかわらず，その製品はベトナム女性の無権利・低賃金・苦汗労働によってつくられていること，また，ファストフードの代表例で世界的なチェーン展開をおこなっているハンバーガーは，牛の放牧が砂漠化を引き起こし飼料用作物の殺虫剤が環境を破壊していることなど。マーシャルもつぎのように述べている。経済騎士道が探求されるようになれば，「高尚な努力が呼び起され，鈍感な者と雖も次第に，富をそのままそれが如何にして得られたかを尋ねることなしに尊敬を払うことを止めるであろう」[27]。

　会社や会社の製品のコマーシャル・メッセージによって誘発されるイメージではなく，製品の製造過程をも含む製品や会社の品位や社会貢献に関する情報を開示し，女性にやさしいか，環境にやさしいかなどの指標によって，企業や製品の評価をおこなおうとする動きは現代では急速に広がっている。アメリカで日用品を製造する企業の情報を集めて開示する『Shopping for a better world』（1988年に創刊）は，「情報公開度」「環境保護度」「女性の働き

27）マーシャル「経済学の現状」杉本編，前掲書，302ページ。

やすさ」「マイノリティの働きやすさ」「寄付」「職場環境への配慮」「ファミリー重視」などの項目で会社を評価しA〜Fの5段階で比較できるようにしている[28]。このような運動は日本でも展開されつつある。その一つは，朝日新聞文化財団がおこなっている「企業の社会貢献度調査」である。評価の大項目は「社員にやさしい」「ファミリー重視」「女性が働きやすい」「障害者雇用」「雇用の国際化」「消費者志向」「地域との共生」「社会支援」「環境保護」「情報公開」「企業倫理」の11項目で，それぞれ4〜7のサブ項目がある。サブ項目（たとえば「社員にやさしい」では「時間のゆとり」「中高年の処遇」など）はA〜Eの5段階で，大項目はバードチャートという記号でこれも5段階で評価が示される。なお，この調査は，（消費者に身近な企業を中心とする）企業に対するアンケート調査であり，独自の調査にもとづいて必要なすべての企業の評価が示されているわけではない。2001年に発表された第11回調査では，調査対象企業418社，回答企業184社，回収率44％であった[29]。そういう意味で，企業側も消費者側も「社会的責任」を果たすという面でなお不十分であるが，今後の社会のあり方を示す貴重な経験であると考えられる。

おわりに

本章では，ショアの「新しい消費主義」をいかにして克服するかという問題提起を手がかりに，消費過程の「刺激と満足」についてのシトフスキーの考察と，経済活動における「卓越性への欲求」の実現を構想したマーシャル

---

28) この報告書のURLアドレスには，responsibleshopperという言葉が使われているが，この報告書を発行している団体は，もともと軍需産業への投資を止めることなどからはじまり，個人が投資先の企業活動を通じて社会的責任の一端を担い，投資を通じて社会の変革をはかろうとする「社会的責任投資 Socially Responsible Investment」の運動をすすめる団体の一つである（朝日新聞文化財団「企業の社会貢献度調査」委員会編『新時代の「格付け」評価——有力企業の社会貢献度2001』PHP研究所，2001年による）。

29) 同前。

を取り上げた。現代では，家族の機能あるいは生活の機能がもっぱら消費（＝商品の選択）に一面化されているので，消費過程が絶えざる欲求の不充足を生みだし，消費により強い刺激を求めるようであれば，人々の生活はつねに受動的でなにかに追われるという意味で疎外された（自分のものでないような）生活となるであろう。ショアもシトフスキーも人々の主体性をもった満足を実現するためには，豊かな人間的交流や文化を享受するためのネットワークを重視し，そのような評価能力を身につけるための教育を重視していた。そしてまた，そういうネットワークを通じた消費の変革を構想し，大量生産＝大量消費にかわる省エネルギー・省資源型の文化の消費が主導する経済構造の転換を構想していた。

　その際問題となるのは，経済学や公共政策論の理論に，大量消費型の消費者モデルから文化消費型の消費者モデルに転換するというパラダイム転換が求められるということであろう。さかのぼって調べてみると，A. マーシャルの経済学の体系では，つねに人間が変化すること，経済発展の成果を人間発達に生かし，発達した人間が創造的に（卓越性の欲求をもって）よりよい経済のパフォーマンスを実現するという有機的成長論の構想が保持されていたと思われる。そういう構想を現代に生かそうとすれば，企業や経済社会のいわゆる経済的評価・効率の評価にとどまらず，公正・平等・環境・個性などを含む人々の活動に「情報にもとづく評価や選択」を実現しようとする方向が求められよう。

　文化的消費を発展させる人々のネットワークと企業や経済活動に対する社会的評価の情報を集め公開することによって，消費を変え，経済構造を変えつつ，職場における労働と地域における生活，男性と女性の機能分担のあり方を変えようとする試みは，文化を生活のなかに生かし，福祉を文化的創造的に実践する試みとしても，すでに始まっていると思う。

事項索引

あ行

悪魔のサイクル　78
あらかじめ失われた欲求　69,138
イギリス病　89
1個流し　51,52
インセンティブ　21,24,76,79,80
　　──による参加　3
インダストリアル・エンジニアリング(IE)　36,56
　　もうかる──　57
ウッデヴァラ　49,50,51,65
エミリアン・モデル　98
オランダ・モデル　86,87
オン・ザ・ジョブ・トレーニング(OJT)　17,105

か行

外部労働市場　14,44,75,82
価値意識　18
金　沢　127,129
家父長制(パターナリズム)　3,4,14,157
過労死　14,21,46,71,75
完全参加と平等　139
企業の社会貢献度　184
技術を必要とする消費　174,175
機能アプローチ　136
規範的ルール　3
共　感　133,134
強制的自発性　5
共同作業所　133,134,150
恐怖のワシ男　68,69,83,181
効用アプローチ　136
国際障害者年　135,136
コベントリー　160

コーポラティズム　152,153,165
コミュニケーション　134,143,144,146,148,158,159,162,170
コミュニケーション労働　159,165,167
固有価値　165
芸術性　4,158
顕示選考理論　173
行動のうえでの熟練　28,42

さ行

サービス残業　71,72,75,76,85,164,165
産業地域　4,129
残　業　108
　　恒常化している──　40
刺　激　173,174,175,176
自己実現　43,73,172
　　──への欲求　4
市場志向　18
自働化　54,67
社会的評価　135,149,175,183
社会復帰医療　140
下丸子　127,128
ジャスト・イン・タイム(JIT)　20,21,28,38,54,57,59,64,67,106
ジャパナイゼーション　13,15,105,106,107,108,109,151
ジャパン・アズ・ナンバーワン　15,23
終身雇用　3,21
消費主義(コンシューマリズム)　79,170
　　新しい──　169,170,171
情報技術　3,14,34
小ロット　51,55,106
職人性　4,14
職人的労働　13,14,29
ストレスによる管理　42,49,56,57

棲み分け型競争　77
青年労働者の反乱　3
潜在能力　178
責任ある自治　14, 33, 42, 61, 62
ソシオ・テクニカル・システム　26, 41
組織志向　17

た行

第三のイタリア　95, 98, 99, 105-106, 122, 123, 126, 127, 129, 130
対人サービス　163, 165
ダウンシフター　172, 183
絶えざる改善　26
卓越性への欲求　177, 180
脱工業化　15
多能工化　20, 21, 26, 30, 32, 33, 34, 62, 67, 94, 103
多品種小ロット型大量生産　27
地域格差　117, 118, 119
地域再投資法（CRA）　124
直接的な管理　14, 23, 33, 61
ディドロ効果　172
テーラー・システム　4, 50, 61

な行

内発的発展　116, 129
内部労働市場　14, 44, 67, 72, 82
中野区　160
二次障害　141
二重市場（論）　91, 92
ニーズ　136, 139, 149, 150, 157
人間的利益　147
ノーマライゼーション　146

は行

バークシャー　119
パターナリズム→家父長制
パートタイム（化）　83, 84
ヒューマンウェア　24, 25, 27, 28
標準作業　53
広島　120
貧困の再生産　181

フォード・システム　3, 4, 49
　アメリカ型フォーディズム　26
　日本型フォーディズム　26
福祉多元主義　151
福祉文化学会　157
富裕アプローチ　136
ブルーカラーの知性化　3
フレキシビリティ, 一方通行の　37, 59, 65
フレキシブル企業　90, 91, 103, 105
フレキシブル・スペシャリゼーション（FS）
　90, 94, 95, 96, 97, 99, 100, 103, 105, 114, 116, 117
フレキシブル・リジディティーズ　5, 16, 19, 24, 25
並行競争　74, 75, 77
没職種　30
ホームヘルパー　158, 159, 162, 163
ボーモルの病　162, 163, 165
ボローニャ　98, 129

ま行

マイクロエレクトロニクス（ME）　13, 89, 113
見えざる建設　134, 135, 149
身づくろい　149
南ウェールズ　119
ムダの排除　53
最上町　154
モデナ　124, 126
もろい社会　133
モンドラゴン　121, 123, 130

や行

有機的成長　177, 179, 180, 182
輸出志向型　115, 117
要員数　36, 46, 47
欲求段階説　178
予防保全　58

ら行

留保賃金　166
労働起源説　143
労働過程論争　29, 33, 60, 103, 109

労働市場の二重化　101
労働の人間化　4, 33, 63, 73, 81
ロット生産　50, 51, 60

わ行

ワークシェアリング　87
割増賃金　40

あとがき

　本書のもとになった論文は以下の通りである。第4章「フレキシビリティーとジャパナイゼーション」除いて，第7章および第8章を書いてのちに，大幅に加筆修正してある。第4章はこの研究の出発点となった論文であり，もとの形のままで収録した。また，この論文はイギリス留学中に書いたものであり，労を惜しまずアドバイスしてくれたサセックス大学のK.マコーミックに感謝する。第7章および第8章は，県立広島女子大学福祉と発達の研究会における報告，森岡孝二先生とのJ.ショアに関する討論，池上惇先生とのA.マーシャルに関する討論が推進力となった。

第1章　日本的経営と労働——日本はポスト・フォーディズムか
　　関下稔・森岡孝二編『世界秩序とグローバルエコノミー』（今日の世界経済と日本　第1巻）青木書店，1992年10月所収（原題「日本的経営における労働編成とフレキシビリティ」）
第2章　日本的生産システムと労働組織
　　池上惇・森岡孝二編『日本の経済システム』青木書店，1999年12月所収
第3章　二極化した労働時間構造のもとでの労働と生活
　　社会政策叢書第17集『変化の中の労働と生活』啓文社，1993年10月所収
第4章　フレキシビリティとジャパナイゼーション
　　『広島女子大学文学部紀要』第25号，1990年2月所収
第5章　ポスト・フォーディズム論と地域
　　『経済科学通信』第65号，1990年12月所収
第6章　「もろい社会」の再設計と地域における福祉
　　鈴木勉編『青年・成人期障害者の自立・発達・共同』（広島女子大学地域研究叢書）渓水社，1992年2月所収（原題「『もろい社会』の再設計と共同作業所運動」）
第7章　日本における福祉文化の再編の動向
　　京都コミュニケーション基金委託研究報告書『情報革命と文化産業の発展に関する理論的実証的研究』（研究代表者・池上惇）2000年3月所収（原題「地域文化

の基礎としての福祉」)
第8章　経済と人間の有機的成長論と消費者主権——マーシャル・シトフスキー・ショア（書き下ろし）

　この機会に，故島恭彦先生と現在の上司でもある学部長の池上惇先生のご指導にお礼を申し上げます。池上先生には，本書の草稿も読んでいただき，貴重なアドバイスをいただきました。もともと財政学を勉強してニューディール期の金融再編を研究していた私を受け入れて，福祉について勉強する機会を与えていただいた県立広島女子大学の先輩同僚の先生方，社会政策の勉強の機会を与えてくださった社会政策学会と同中四国部会の先生方に，お礼を申し上げます。こういう状況のもとでこういうタイトルの本を出版していただいた桜井香さんには，研究者になりたての頃からお世話になりっぱなしであり，お礼を申し上げます。この出版に際して助成をしていただいた京都橘女子大学にもお礼を申し上げます。
　またこの間，大学のあり方をゆさぶる大きなうねりのなかで，前任校で役職や各種委員などで相当多忙で，京都橘女子大学へ移って文化政策学部の立ち上げに参加するという，この数年間にわたるせわしない環境のなかにあった私の生活を，見守り支えてくれた妻剛子と二人の息子にも礼を言いたい。

2002年5月

著　者

青木圭介（あおき けいすけ）

　　1944年，広島県生まれ
　　京都大学大学院経済学研究科博士課程中退
　　1973年，広島女子大学文学部社会福祉学科
　　2001年，京都橘女子大学文化政策学部
　　文化経済学・社会政策・社会福祉計画論を担当

現代の労働と福祉文化
─────────────────
2002年5月30日　初　版

著　者　青木圭介
装幀者　林　佳恵
発行者　桜井　香
発行所　株式会社　桜井書店
　　　　東京都文京区本郷1丁目5-17　三洋ビル16
　　　　〒113-0033
　　　　電話　(03)5803-7353
　　　　Fax　(03)5803-7356
　　　　http://www.sakurai-shoten.com/
印刷所　株式会社　ミツワ
製本所　誠製本株式会社

Ⓒ 2002 Keisuke Aoki

定価はカバー等に表示してあります。
本書の無断複写（コピー）は著作権法上
での例外を除き，禁じられています。
落丁本・乱丁本はお取り替えします。

ISBN4-921190-17-8　Printed in Japan

佐藤真人・中谷　武・菊本義治・北野正一
日本経済の構造改革

日本経済のどこが問題か？　改革は何をめざすべきか？
Ａ５判・定価2500円＋税

長島誠一
戦後の日本資本主義

いま，どのような「構造改革」が必要か
Ａ５判・定価3000円＋税

森岡孝二
日本経済の選択
企業のあり方を問う

市民の目で日本型企業システムと企業改革を考える
四六判・定価2400円＋税

渡辺　治
日本の大国化とネオ・ナショナリズムの形成
天皇制ナショナリズムの模索と隘路

現代日本の政治・社会の深層を明快な論理で分析
Ａ５判／定価3000円＋税

中村　哲
近代東アジア史像の再構成

資本主義の形成と発展に関する理論を組み替える
Ａ５判／定価3500円＋税

姫田光義
中国革命史私論
「大同の世」を求めて

20世紀の戦争と革命に着目した中国近現代史
Ａ５判／2800円＋税

桜井書店
http://www.sakurai-shoten.com/

二文字理明・伊藤正純編著
スウェーデンにみる個性重視社会
生活のセーフティネット
福祉社会の最新事情を7氏が多彩に報告
四六判・定価2500円＋税

エスピン-アンデルセン著／渡辺雅男・渡辺景子訳
福祉国家の可能性
改革の戦略と理論的基礎
新たな，そして深刻な社会的亀裂・不平等をどう回避するか
Ａ５判・定価2500円＋税

エスピン-アンデルセン著／渡辺雅男・渡辺景子訳
ポスト工業経済の社会的基礎
市場・福祉国家・家族の政治経済学
福祉国家の可能性とゆくえを世界視野で考察
Ａ５判・定価4000円＋税

重森　曉
分権社会の政策と財政
地域の世紀へ
集権の20世紀から分権の21世紀へ
Ａ５判／定価2800円＋税

野村秀和編著
生協への提言
難局にどう立ち向かうか
生協の危機をどう見るか？存在意義とは？
四六判／2000円＋税

森岡孝二・杉浦克己・八木紀一郎編
21世紀の経済社会を構想する
政治経済学の視点から
目指すべきビジョン・改革の可能性——23氏が発言する
四六判／定価2200円＋税

桜井書店
http://www.sakurai-shoten.com/

重田澄男
資本主義を見つけたのは誰か
資本主義認識の深化の過程をたどるユニークな経済理論史
Ａ５判・定価3500円＋税

大谷禎之介
図解 社会経済学
資本主義とはどのような社会システムか
現代社会の偽りの外観を次々と剥ぎ取っていく経済学入門
Ａ５判・定価3000円＋税

ドゥロネ＆ギャドレ著／渡辺雅男訳
サービス経済学説史
300年にわたる論争
経済の「サービス化」、「サービス社会」をどう見るか
四六判・定価2800円＋税

竹内常一
教育を変える
暴力を越えて平和の地平へ
子どもの叫びにこたえる教育改革を提唱する
四六判／定価2200円＋税

石上正夫
大本営に見すてられた楽園
玉砕と原爆の島テニアン
原爆機は日本の囚人たちがつくった飛行場から飛び立った
四六判／定価2200円＋税

桜井書店
http://www.sakurai-shoten.com/